新时代社会工作专业精品教材

丛书编委会

主　编：袁年兴（武汉科技大学）

副主编：易松国（武汉科技大学）

　　　　周冬霞（中南财经政法大学）

编　委：谭明方（武汉科技大学）

　　　　黄　涛（武汉科技大学）

　　　　李　莉（武汉科技大学）

　　　　李技文（武汉科技大学）

　　　　姚梦迪（武汉科技大学）

　　　　肖　竹（武汉科技大学）

　　　　徐光有（湖北文理学院）

　　　　冯晓平（武汉科技大学）

　　　　宁雯雯（武汉科技大学）

　　　　柯　燕（武汉科技大学）

　　　　高万芹（武汉科技大学）

　　　　汪宁宁（武汉科技大学）

　　　　陈　玲（武汉科技大学）

　　　　肖　友（武汉科技大学）

　　　　任　远（武汉科技大学）

　　　　王　龙（黄冈师范学院）

　　　　谌　骁（武汉科技大学）

　　　　李思凡（武汉科技大学）

　　　　李依宸（武汉科技大学）

　　　　李　伟（湖北文理学院）

社会工作服务方案设计范例

本书编委会

主　编：易松国

副主编：佃乾乾　程　丹　肖　竹

编　委：仇玲飞　刘　佳　吴艳艳　陈思远　高汝虹

　　　　顾　澜　何苑玲　黄德超　黄新珍　李兰芳

　　　　李　敏　李雪春　连妙丽　刘西重　刘丽娜

　　　　刘佳佳　刘秋慧　罗雅婷　刘田林　周冬霞

　　　　宁雯雯　欧玉婷　綦峥峥　钱婷婷　王一杰

　　　　吴思媚　詹福莲　张　伟　张晓春　周　俊

　　　　任　远　肖　友　谌　骁　李思凡　李依宸

华中科技大学出版社
http://press.hust.edu.cn
中国·武汉

内 容 提 要

本书是由深圳市鹏星社会工作服务社资深督导和一线社工根据真实案例编写而成。全书共有8章，涵盖儿童、青少年、妇女、家庭、老年人、残疾人、社区志愿者、督导与培训等领域的社会工作服务方案。范例包括小组方案、活动方案、督导方案和培训方案等。服务方案的设计和撰写包括需求分析、理论架构、目的与目标、具体内容、评估和关联性等。本书适用于社会工作专业教师、学生、一线社工及相关服务人员。

图书在版编目（CIP）数据

社会工作服务方案设计范例／易松国主编 . -- 武汉：华中科技大学出版社，2025.8. --（新时代社会工作专业精品教材）. -- ISBN 978-7-5772-2037-6

Ⅰ．D632

中国国家版本馆 CIP 数据核字第 2025GY6733 号

社会工作服务方案设计范例
Shehui Gongzuo Fuwu Fang'an Sheji Fanli

易松国　主编

策划编辑：张馨芳

责任编辑：苏克超

封面设计：孙雅丽

责任校对：张汇娟

责任监印：曾　婷

出版发行：华中科技大学出版社（中国·武汉）　　　电话：（027）81321913

　　　　　武汉市东湖新技术开发区华工科技园　　　邮编：430223

录　　排：孙雅丽

印　　刷：武汉科源印刷设计有限公司

开　　本：787mm×1092mm　1/16

印　　张：15.5　插页：2

字　　数：341千字

版　　次：2025年8月第1版第1次印刷

定　　价：68.00元

总序一 | ZONGXU YI ⸺⸺⸺⸺○

　　武汉科技大学法学与经济学院同仁编写的新时代社会工作专业精品教材，展现了中国社会工作教育本土化探索的不断创新。

　　新时代的社会工作和社会工作教育，必须回应社会发展的新问题和新需要。工业化进程中的劳资关系重构，社会转型和人口流动带来的社区治理挑战，以及家庭变迁和人口老龄化引发的社会变革等，共同构成了复杂的社会治理命题。习近平总书记强调以人民为中心的发展思想，要求社会工作在促进社会公平、增进民生福祉中发挥更大作用。本套教材的诞生，正是对时代呼唤的回应。

　　武汉科技大学法学与经济学院社会工作专业教师深耕工业城市社会服务十余载，将武钢社区养老困境、湖北多民族社区融合、"五社联动"的"湖北实践"等现实课题熔铸于教材编写中。当西方理论遭遇中国实践的水土不服，当通用教材难以匹配特殊场域需求，这套教材立足中国大地的现实社会问题，以"问题导向—场景嵌入—理论创新"的编写范式，深耕中国本土社会工作教育的沃土。其价值不仅在于填补老工业基地城市社会工作、跨文化家庭调解等教学案例的不足，更在于推动社会工作学科建设从"经验传递"向"循证知识生产"的跨越发展。

　　作为中部地区高等教育院校，武汉科技大学肩负着培养高素质专业人才的使命。此次编写新时代社会工作专业精品教材，彰显了其在推动社会工作学科建设与社会服务领域发展方面的担当与责任自觉。这套凝聚集体智慧的教材，为社会工作教育提供了宝贵的本土实践经验研究资料，是对时代命题的专业回应，彰显了中国特色社会工作知识体系自觉建构的具体行动和努力，为社会工作教育与实践注入了新素材，展现了武汉科技大学在社会工作教育领域的探索和创新精神。

　　本套教材涵盖社会工作概论、健康社会工作、民族社会工作、家庭社会工作和城乡社会治理等相关领域，力图实现中国自主社会工作知识体系的理论突破与实践创新。

　　《社会工作概论》系统介绍社会工作专业理论、方法与实务，其内容涵盖基础理论、专业方法和主要实务领域。其中，基础理论包括社会工作定义、历史发展、专业价值观与伦理守则等；专业方法聚焦个案工作、小组工作、社区工作三大直接服务方法，以及社会行政、政策研究等间接方法；主要实务领域包括儿童、老年、残障、家庭、医务、司法、基层治理等细分领域。

《社会工作服务方案设计范例》基于一线社工所开展的社会工作服务，选取不同领域的服务方案进行修改完善，形成针对不同领域服务对象的服务方案设计范例，包括儿童领域服务方案、青少年领域服务方案、妇女领域服务方案、家庭领域服务方案、老年人领域服务方案、残疾人领域服务方案、社区志愿者领域服务方案以及督导与培训方案等。每个部分都包括方案范例及实务要点。书中内容含设计表格，相关专业学生和服务从业者可以套用现成表格进行设计，实用性很强。

《社会服务项目设计与评估》在内容设计上兼顾实用性和系统性，精心搭建了覆盖项目全周期的管理框架。教材不仅汲取了社会服务领域的先进经验，还深度融入了"湖北特色"，通过具体案例揭示了政府购买服务如何有效牵引慈善资源、志愿服务、社会组织以及社会工作机构，形成一个完整的闭环设计，确保社会服务项目能够精准对接社会需求，高效整合资源，并提供高质量的服务。教材通过理论与实践的紧密结合，为读者提供了清晰的项目设计与评估路径，确保社会服务项目的科学规划与有效实施。

《社会组织服务与管理》揭示了社会服务组织运营与政社协同的内在逻辑，深度提炼诸如武汉百步亭社区"楼栋微公益"的治理智慧，将志愿队破解老旧小区物业盲区的实践经验，升华为政府购买服务标准化流程与社区组织弹性运作机制相融合的双轨制模型；将成都朝阳社区多民族调解的鲜活案例，转化为文化敏感度评估工具与网格社工协同的工作机制，将基层治理的实践经验上升为系统的专业方法论。

《公益慈善概论》在第三次分配理论视角下，采用"本土实践＋前沿议题"编写模式，溯源湖北实业慈善对当代的启示；深度融合《中华人民共和国慈善法》的核心精神、数字慈善技术变革、慈善信托制度创新及网络捐赠规范化要求，回应了数字慈善技术落地、网络捐赠场景应用等学术与实践热点问题。

《家庭社会工作》将西方家庭治疗技术创造性转化为适配当代中国社会的实务方法，尝试构建中国本土化的家庭干预体系。该书深度整合系统理论与沟通技术，聚焦新技术应用与跨文化视角，开发出家庭冲突动态评估模型，回应家庭社会工作在数字时代的新挑战；聚焦家暴防治、夫妻关系修复、亲子沟通障碍等核心议题，覆盖单亲、失独、空巢等7类特殊家庭介入策略，提供个案管理标准化流程与家庭支持网络建设指南，实现从学术概念到社区服务的实践转化。

　　《老年社会工作》聚焦老年群体的多元需求与社会服务供给，构建适配中国国情的老年服务实操体系。教材汲取老年服务的前沿经验与"中国智慧"，搭建老年服务全周期管理框架，聚焦老年心理健康支持、慢性病管理、社会参与促进等核心议题，覆盖空巢、失能、高龄等特殊老年群体的介入策略，精准回应老龄化社会背景下老年群体的服务需求。教材构建了"大思政"融合机制，将思政理念深度融入专业实践，实现了将思政教育融入社会工作人才培养与专业实践行动的有机统一。教材将共同富裕理念具象化为慈善资源调配技术，通过精准识别弱势群体需求，优化资源分配路径，确保慈善资源高效、公平地流向最需要的社群，使共同富裕这一社会价值理念在实践中落地生根。教材注重将思政理念融入专业课程设计，通过案例分析、实践教学和课堂讨论等多种方式，引导学生在专业学习中自觉践行思政理念。这种融合机制提升了社会工作专业的育人功能，使学生在掌握专业知识的同时，能够树立正确的价值观和责任感，让社会主义核心价值观在专业实践中展现其生命力，为培养德才兼备的专业人才提供了方法。

　　本套教材面向社会工作专业的学生、社会工作从业者以及对社会服务感兴趣的各界人士。本套教材适用于高校社会工作专业教学，能够为学生提供系统的理论知识与实践技能知识；同时，也适用于社会服务机构的工作人员、社区工作者以及政策制定者，帮助他们在实际工作中更好地运用专业知识，提升工作服务质量和社会治理效能。期待本套教材为社会工作专业学生和社会工作从业人员提供理论和实用的实践知识指南，书写"以专业守护民生，用温情熔铸和谐"的时代篇章。也期待武汉科技大学法学与经济学院社会工作专业不断产出优秀成果，专业发展越来越好。

北京大学社会学系教授

中国社会工作教育协会会长

2025 年 8 月 12 日于北京

　　武汉科技大学溯源于1898年成立的湖北工艺学堂。1958年组建为武汉钢铁学院，开办本科教育。1978年开办研究生教育，是全国首批硕士授权单位。1998年学校被批准为博士授权单位。学校有青山、黄家湖和洪山三个校区，校园总面积166.57万平方米，设有20个学院（部）、81个本科专业；有8个博士后科研流动站，9个一级学科博士学位授权点，40个二级学科博士学位授权点，33个一级学科硕士学位授权点，174个二级学科硕士学位授权点，22个硕士专业学位类别。学校有教职工3100余人，全日制普通本科生25000余人，博士、硕士研究生约1万人。

　　武汉科技大学法学与经济学院承袭百年钢魂，融汇管理学、法学、经济学三个学科门类，开设有法学、社会工作、金融科技、投资学、数字经济、行政管理6个本科专业，形成了覆盖博士、硕士、学士层次的完整的教育教学体系，形成"跨学科融合、产学研协同"的特色发展模式。近5年，学院获国家社科基金重大项目6项（含滚动资助）、国家社科基金重点项目1项、国家社科基金项目29项，科研经费达1400余万元。作为湖北省属高校首批社会工作专业，武汉科技大学法学与经济学院社会工作专业历经15年砥砺前行。早在2010年，学院就获批设立了社会工作专业硕士学位点，是全国较早设立社会工作专业硕士学位点的大学之一。社会工作专业根据自身特色和社会需要，确定4个发展方向，即健康社会工作、民族社会工作、城乡治理社会工作和家庭社会工作。专业团队在武钢退休社区、多民族聚居街道、"村改居"前沿阵地持续深耕，积累了丰富的田野笔记、高质量的研究成果以及一整套行之有效的教研范式。

　　为了回应社会工作本土化对自主知识的需要，总结社会工作专业教师的实践经验和研究成果，促进社会工作专业高水平发展，武汉科技大学法学与经济学院组织强大的专业团队编写新时代社会工作专业精品教材。编委会成员包括武汉科技大学的谭明方、黄涛、李莉、李技文、姚梦迪、肖竹、冯晓平、宁雯雯、柯燕、高万芹、汪宁宁、陈玲、肖友、任远、谌骁、李思凡、李依宸，中南财经政法大学的周冬霞，湖北文理学院的徐光有和李伟，以及黄冈师范学院的王龙。

本套教材的编写由社会工作学科资深专家领衔架构，他们以深厚的学术造诣和前沿的研究视野，为教材奠定了坚实的学术基础，把关学术品质，确保教材内容的科学性与权威性。编写团队教师均具有国家级研究项目经验，在国家级研究项目中积累的丰富实践知识和专业技能，为教材注入了实践智慧，使内容具有针对性和实用性。实务导师团队阵容强大，涵盖民政部门的政策专家、公益慈善领域的项目管理人、社会工作服务机构的负责人等，他们凭借丰富的行业经验和敏锐的实践洞察力，为教材提供了前沿的行业和实际操作案例，确保教材内容紧贴行业需求。通过学界与业界的深度合作，教材将抽象的理论与具体的实践紧密结合，帮助社会工作专业学生和从业者更好地理解专业知识，并将其应用于实际工作中。这种模式不仅提升了教材的质量，更使其成为连接学术研究与社会实践的重要桥梁。

本套教材以"问题导向—场景嵌入—理论创新"的编写范式，深耕中国本土社会工作教育的沃土。"学界业界深度融合，理论实践双向激活"的教材研发模式，不仅使教材在理论层面具有高度的严谨性和前瞻性，更在实践层面具备极强的可操作性和指导性。编委会确保教材既有严谨的学术框架，又紧贴中国本土脉搏，让学生、实务者和政策制定者都能"一书在手，多维可用"。本套教材的价值不仅在于填补以往专业教材的不足，更在于推动专业学科从知识传递到自主知识生产的重大跨越。编委会成员为本套教材的编写付出了诸多努力，在此，对本套教材编委会所有成员表示由衷感谢。

由于水平有限，本套教材难免存在不足之处，恳请广大读者批评指正。

武汉科技大学法学与经济学院院长

袁年兴

2025 年 8 月 16 日于武汉

前言 | QIANYAN ————————————————○

对于社工来说，社会工作服务方案设计非常重要。社工开展服务通常是先设计社会工作服务方案。社会工作服务方案设计不仅是专业服务的一部分，更是专业服务的思维框架和服务标准化的体现。社会工作专业学生在大学课堂上需要接受社会工作服务方案设计写作方面的训练。很多一线社工不是社会工作专业毕业，他们对社会工作服务方案设计不太了解。即使是社会工作专业毕业的社工，由于之前没有接受过这方面的训练，他们在实际工作中也会遇到社会工作服务方案设计方面的问题。因此，无论是对于社会工作专业教学还是对于一线社会工作服务实践来说，社会工作服务方案设计的专业文书写作都非常重要。然而，目前国内鲜有这方面的书籍。因此，我们一直希望编写并出版一本这方面的参考读物。

深圳市鹏星社会工作服务社（以下简称"深圳鹏星"），拥有多年社会工作专业实务经验，在国内业界享有盛誉。深圳鹏星基于长期的实践经验，组织有丰富实务经验的督导和社工编写本书，以期为高校社会工作专业教学及一线社会工作服务实践提供教学素材和实务借鉴。

第一，社会工作服务方案的设计和撰写框架。

社会工作服务方案的设计和撰写大致遵循以下基本框架和脉络，包括需求分析、理论架构、目的与目标、具体内容、评估和关联性等要素。

（1）需求分析。社工为服务对象提供的服务是建立在客观评估服务对象的需求之上，而不是按照社工个人的主观判断来提供服务。需求分析包括两个要点：一是客观需要调查，包括运用多种调查方式（个别访谈、问卷、焦点小组、访问关键人物、权威报告、过往数据分析等）了解服务人群的需求；二是从社会工作、心理学、社会学等专业角度，对问题/需要进行分析。

（2）理论架构。阐述在服务过程中运用哪些理论进行分析和介入。

（3）目的与目标。目的是社工最终想要达成的状态，是社工设计方案的大方向。目标则好比箭靶，这个箭靶是可见的，你知道它在哪里，但是你跟它是有距离的，你需要做足准备，付出一定的努力才能射中。目标需要符合SMART原则：

① 具体的（Specific）：目标应明确具体，清楚要实现什么。

② 可衡量性（Measurable）：目标应可以量化，以便评估进展。

③ 可实现性（Attainable）：目标应可以实现，考虑到资源和限制。

④ 相关性（Relevant）：目标应与其他目标相关，确保其重要性。

⑤ 时限性（Time-bound）：目标应有明确的截止期限，以便进行时间管理。

社会工作服务方案的目标一般是以服务对象的改变作为衡量标准。

（4）具体内容。具体内容指达到目标的执行流程和内容。具体到每个环节的设计、时间安排、人手分工、物资准备、困难预计、风险预案等。

（5）评估。评估包括以下几个方面。

① 评估类型：包括过程评估和结果评估。过程评估包括参加者的投入、互动、反应及工作人员的表现等。结果评估则较注重目标的实现情况。

② 评估方法：包括质性方法和量化方法。例如基线测量法、问卷调查法、访谈法、观察法等。在写评估方法时，需要把具体步骤写清楚。

③ 评估材料：指服务对象的反馈、相关记录、回收的问卷与图片等。

④ 评估指标：一般包括目标人群的出席率/人数、目标的实现情况、活动的满意度等。

（6）关联性。关联性在方案设计中非常重要，它要求每个部分都能在其他部分得到体现和对应。如方案中的目标，我们能在计划书中找到与之对应的需求，也能找到对应的服务内容、执行方案及评估；同样道理，我们在内容设计里也能找到对应的需求、目标、评估等，所有部分都是紧密相连的，如果发现某项内容在上下文中均找不到对应的内容，则需要检视方案的设计是否合理，直至方案中各个部分都相互关联和呼应。

第二，社会工作服务方案设计的基本原则。

社会工作服务方案设计是社会工作者开展实务活动的前期工作，它与开展的实务活动密不可分。好的方案，可以让执行有章可循、事半功倍。一般而言，社会工作服务方案设计应遵循"二九"原则，即二个特定原则和九个一般原则。

（1）特定原则。特定原则要求我们设计的社会工作服务方案应遵循社会主义核心价值观、遵循社会工作专业价值伦理。社会主义核心价值观和社会工作专业价值伦理是社会工作服务方案设计的价值引领，也是社会工作服务的基本要求。

（2）一般原则。除了应遵循社会主义核心价值观、遵循社会工作专业价值伦理这两个特定原则外，社会工作服务方案设计还应遵循以下一般原则。

① 邀请服务对象参与服务方案的设计与制定。这个原则要求我们，应坚信服务

对象才是解决他们自身问题的专家，务必让服务对象参与到服务方案的设计与制定中来，让服务对象觉得这是他们的活动，而不仅仅是社工组织的活动，否则服务对象的参与度不会高。

② 服务方案设计应结合现有资源情况。这个原则要求我们，在进行服务方案设计时应全面评估及掌握现阶段的资源情况，包括但不限于人力资源、财力资源物、力资源及环境资源等，并结合现有的资源情况来设计服务。

③ 符合服务对象的能力和兴趣。这个原则要求我们，应客观评估服务对象的特点，尊重不同服务对象的独特性，并根据不同服务对象的特点设计服务的形式与内容，以确保我们的服务形式、服务内容及服务手法能符合服务对象的兴趣和能力。

④ 重视服务对象在服务过程中的参与。这个原则要求我们，在设计服务时应重视及强调服务对象在服务过程中的参与，适当弱化社工的干预；否则，后续服务实施过程中可能会出现社工唱"独角戏"的情况。

⑤ 做好具体的时间规划。时间规划有助于服务的顺利实施，无论是前期的活动筹备，还是当天的活动，抑或是活动结束后的跟进，都需要有详细妥善的分工与时间安排。具体的时间规划能够有效指引服务在限定时间内完成相应内容，达到预期目标。

⑥ 紧扣活动目标。我们在设计服务内容时应紧扣活动目标，回应服务对象需要。在服务内容设计阶段，我们应问问自己：是否完成了这些环节的内容，预期的服务目标就可以达到，服务对象的需要就可以满足，服务对象预期的成长就可以实现？

⑦ 设计与安排总结与分享环节。社会工作服务方案设计应能引导和督促服务对象对活动进行思考及反馈。设计与安排总结与分享环节，引导服务对象分享自己此时此刻的心情与感受、活动收获，以及对活动的意见与建议等。

⑧ 写出来的就是做得到的。社工应能确保服务方案对服务带领的指导性，标准是要确保服务方案写出来的就是做得到的，确保写出来的服务方案不论谁拿到都可以直接上手。尤其是新手社工，服务流程与内容部分一定要写得非常具体，要具体到社工在每一个环节应该做什么事、说什么话。

⑨ 明晰服务方案的用途。服务方案的设计者，应明晰服务方案的用途：如果是给督导批阅，那么理念部分就需要清楚地描述服务方案的理论基础，并以理论分析指出针对问题的介入点；如果是给资助方审阅，则需要强调问题的广泛性与严重性，理论部分就可以精简，服务内容、服务产出及财政预算这些资助方比较关注的部分则应非常详细。

本书适用于高校社会工作及相关专业的教师和学生，以及社会工作相关领域的服务人员，对高校社会工作实务教学及专业社会工作服务具有较强的借鉴和指导意义。其中，对高校社会工作实务教学的作用包括以下几个方面。首先，可作为核心课程的配套教学案例。书中提供的实务案例能够有效衔接社会工作实务、项目设计、专业文书写作等课程内容，通过对真实服务场景的拆解，帮助学生掌握从理论框架到实务落地的完整转化过程。其次，注重培养方案设计的逻辑思维。案例系统呈现了"需求分析—理论选择—目标设定—干预实施—成效评估"的专业思维链条，使学生能够理解社会工作服务的科学设计流程。最后，提供覆盖多元服务场景的案例库。书中精选了儿童、青少年、老年人等不同服务领域的典型方案，包含小组工作、社区活动等多种服务形式，并将其纳入督导与培训方案，为教学提供全景式的实务参考。社会工作作为一门实践性学科，其专业发展离不开实务经验的总结与分享。我们期待本书能够成为社会工作教育者、学生和实务工作者的得力助手，在促进社会工作专业标准化建设、提升服务质量方面发挥积极作用。

本书凝聚了深圳鹏星所有工作人员的知识、智慧和辛劳。书中所有案例都是由深圳市鹏星社会工作服务社督导和一线社工根据其开展过的真实案例编写而成。佃乾乾负责组织编写和内容修改。为本书提供案例的人员有程丹、佃乾乾、仇玲飞、刘佳、吴艳艳、张晓春、刘西重、陈思远、刘佳佳、欧玉婷、高汝虹、李兰芳、李敏、吴思媚、黄德超、刘秋慧、李雪春、张伟、罗雅婷、何苑玲、钱婷婷、刘丽娜、詹福莲等。参与本书各领域实务要点编写的人员包括程丹、佃乾乾、仇玲飞、刘佳、陈思远、吴艳艳、黄德超、张晓春、李敏、綦峥峥、黄新珍、连妙丽、刘丽娜等。仇玲飞、刘佳、佃乾乾、程丹分别负责各章的编写工作。其中，第一章和第二章由仇玲飞编写。第三章和第四章由刘佳编写。第四章和第五章由佃乾乾编写。第七章和第八章由程丹编写。肖竹、宁雯雯、周冬霞、顾澜、周俊、王一杰、任远、肖友、谌骁、李思凡、刘田林等参与了书稿校改。在此，对以上参编人员的辛勤付出表示感谢。

深圳鹏星组织大量资深督导和一线社工编写本书，为读者提供了宝贵经验和知识，并在经费等方面给予了大力支持。在此，对深圳鹏星的努力和付出表示特别感谢。

武汉科技大学法学与经济学院为本书出版提供了经费资助，在此，谨对武汉科技大学法学与经济学院表示衷心感谢。

由于时间和水平有限，本书难免存在不足之处，恳请广大读者批评指正。

2025 年 8 月 6 日

目录 | MULU ————————————————————————○

第一章

儿童领域服务方案

第一节 小组方案范例

小组 小小淑女——女童自我保护小组

一、基本信息

小组名称：小小淑女——女童自我保护小组

小组对象：小学四至六年级女生

小组人数：10人

小组时间：2015年4月

小组地点：学校社工室

小组性质：教育性小组

小组节数：共5小节

负责社工：吴社工

人手编排：主带社工1人，形体或舞蹈老师1人

二、背景

在社会对儿童安全高度关注的当下，《2014年儿童防性侵教育及性侵儿童案件统计报告》中的数据令人触目惊心。该报告显示，2014年全年，性侵儿童事件平均每0.73天就曝光1起。而在这些令人痛心的案件中，受害者最大的群体为小学生，更为严峻的是，性侵儿童案件中熟人作案比例超过八成。

从儿童防性侵教育现状来看，全国多地儿童普遍缺乏科学的防性侵知识，防性侵教育在全国各地均存在不同程度的缺失。与之形成鲜明对比的是，绝大多数师生与家长对"防性侵教育进校园"的期望较为强烈。当前，儿童防性侵教育在学校教育中处于缺位状态，家庭教育在这方面也未能发挥应有的作用。传统教育过度强调"礼貌""乖""懂事""听话"，使得儿童在面对不合理要求时，缺乏拒绝的能力与寻求帮助的意识。

基于此，社工在开展女童自我保护小组活动时，巧妙引入"淑女"概念。这里的"淑女"，并非仅仅局限于传统意义上的有礼貌，更代表着拥有智慧，懂得果断拒绝不合理要求。在活动内容设计上，社工别具匠心。一方面，设置"了解自己的气质类型""形体学习及训练"等环节，通过去标签化的方式，避免因直接提及"预防儿童性侵犯"

而引发组员的心理抗拒；另一方面，安排"识别好的、不好的身体接触""如何拒绝不合理要求"等针对性内容，切实提升女童预防性侵犯的能力，全方位为女童的安全成长保驾护航。

三、理论架构

IMBR模式包括信息（Information）、动机（Motivation）、行为技巧（Behavioural skills）、资源（Resources）。IMBR模式被广泛运用于高危人群行为干预。

IMBR模式适用于儿童危险行为预防，在解决儿童的适应问题上具有一定的借鉴作用。

提供信息：为儿童提供对问题的更多正面、正确的信息，增加其对问题的判断能力。

创造动机：儿童在面对问题时可能会担心后果而采取不好的决定，或者不愿意采取行动，提供问题的创造性解决方法，令其觉得是有法可解的，可以增强其改变的动机。

建立技巧：在儿童有了对问题的更多了解和改变的动机时，告知其如何操作。

连接资源：告知儿童在哪里可以找到帮助及相关资源。

在预防性侵犯这个敏感的话题上，社工经由小组的正式学习途径，为组员提供正面的预防性侵犯的技巧，通过小组学习及练习提升其拒绝不合理要求的动机及技巧，并告知其当危害发生时，可以通过哪些途径及资源得到帮助。

四、目的与目标

（一）目的

通过小组学习，服务对象能够学会如何正确应对恶意的身体接触。

（二）目标

（1）通过小组学习，服务对象建立防止恶意的身体接触的正确态度。

（2）通过小组学习，服务对象能够识别好的、不好的接触。

（3）通过小组学习，服务对象能够掌握拒绝技巧。

五、小节安排

节序	日期/时间	主题/目标	人员分工
1	4月15日 16：40—17：20	主题：缘来一家人。 目标：组员间相互认识，并协商在小组期间需要付出的努力	主持：吴社工

节序	日期/时间	主题/目标	人员分工
2	4月17日 16：40—17：20	主题：淑女气质大比拼。 目标：了解自己的气质类型；学习区分好的、不好的身体接触	主持：吴社工
3	4月21日 16：40—17：20	主题：淑女自我保护有方法。 目标：形体学习及训练；学会识别诱惑及拒绝诱惑	主持：吴社工 协助：形体或舞蹈老师
4	4月22日 16：40—17：20	主题：当淑女遭遇尴尬。 目标：形休学习及训练；认识潜在侵犯及学会有效应对	主持：吴社工 协助：形体或舞蹈老师
5	4月24日 16：40—17：20	主题：家有淑女初养成。 目标：回顾并检验小组活动的内容	主持：吴社工

六、小组评估

序号	评估项	评估指标	评估方法
1	出席人数	不少于8人	出席人数登记表
2	目标	（1）通过小组学习，至少80％的服务对象建立防止恶意的身体接触的正确态度。 （2）通过小组学习，至少80％的服务对象能够识别好的、不好的接触。 （3）通过小组学习，至少80％的服务对象能够掌握拒绝技巧	问卷
3	满意度	不低于80％	问卷
4	文档记录	有清晰的小组记录、工作纸、照片等资料	查阅资料

七、困难预估

序号	预计困难	解决方法
1	有组员由于某些原因而退出	（1）在人员筛选时，尽量确认其是否有时间参与。 （2）告知请假制度（提前至少1天），在社工协调下，争取尽可能参与。 （3）整个培训的时间安排尽量紧凑，时间周期尽量短一些

序号	预计困难	解决方法
2	有组员出现迟到现象，影响进度	（1）设置签到、离开时间表。 （2）若出现迟到现象，则和大家一起回顾小组的规定。 （3）提前到达的组员有小游戏玩，如魔术圈、解手链

八、小组小节计划

第 1 小节	缘来一家人

（一）目标

组员间相互认识，并协商在小组期间需要付出的努力。

（二）流程

时间	环节名称/目的	内容	所需物资
10分钟	热身游戏——大风吹：组员相互认识，消除组员之间的陌生感	（1）所有人围成圈。 （2）社工站中间，说明游戏规则： ①社工说"大风吹"，全体组员回应"吹什么"，社工说"吹穿鞋子的人"，所有穿鞋子的人离开自己座位，找不同位置坐下。玩2次。 ②社工说"小风吹"，全体组员回应"吹什么"，社工说"吹戴眼镜的人"，所有不戴眼镜的人离开自己座位，找不同位置坐下。玩2次。 （3）组员熟悉规则和口令后，社工撤掉1把椅子，游戏继续。撤掉1把椅子后，会有1位组员找不到位置，便由这位组员喊"大/小风吹"的指令。玩2～3次。 （4）热身游戏注意事项： ①撤掉1把椅子后，会有1位组员找不到位置，社工可以和该组员互动，如介绍自己的名字、跟着社工做动作等。注意选择的内容要容易做到，不建议唱歌、跳舞等难度较高的。 ②组员做到后，邀请其他组员为其鼓掌	

时间	环节名称/目的	内容	所需物资
15分钟	自我介绍：认识自己，认识他人	（1）每位组员拿到一张名牌纸、一支笔，要求写上自己的中文名。 （2）自我介绍。每位组员需要介绍自己的中文名，喜欢组员如何称呼自己及爆个"秘密"。所谓"秘密"，就是自己喜欢吃什么。 （3）社工在每位组员完成自我介绍后，可以问组员"喜欢吃××的（即完成自我介绍的组员）举手"，然后邀请所有组员给掌声。 （4）所有组员介绍一圈后，社工可以考一考："刚才谁说喜欢吃××？"加深组员间的认识。 （5）抛球记名，社工拿出软球，规则是要求组员把球轻轻抛给一位组员，并叫出对方的名字。此环节旨在进一步加深组员之间的相互认识	彩色笔2盒（写名牌用）名牌纸10张（背后贴好双面胶）软球1个
8分钟	小组契约	（1）社工要求每位组员写下需要共同遵守的两个守则，可以保证小组活动有序进行。 （2）将组员完成的内容张贴出来。 （3）社工引导为主，挑出4～5个大家提及最多的守则，或者有重要的，社工可以补充（注意：此部分引导，社工结合组员能力自行调整）。 （4）写在卡纸上，邀请所有组员签字。 （5）完成后可以邀请组员齐读（可选）	纸张10张卡纸1张
2分钟	超级鼓励掌声	学习超级鼓励掌声，可以根据学生能力选择短版或者长版的超级鼓励掌声	
5分钟	总结	（1）总结当天的活动内容。 （2）预告下一小节活动内容，提前派发气质问卷，告知填写完，下一小节需要带过来，并说明填写时的注意事项。 （3）预告下一小节小组活动时间，请下一小节可以到的组员举手。 （4）说明如果临时有事如何请假。 （5）以超级鼓励掌声结束当天活动	气质问卷10份

第2小节 　　　　　　　　　　　淑女气质大比拼

（一）目标

（1）了解自己的气质类型。

（2）学习区分好的、不好的身体接触。

（二）流程

时间	环节名称/目的	内容	所需物资
3分钟	回顾上一小节内容	回顾上一小节学习内容	PPT
10分钟	气质类型：了解自己的气质类型	（1）请组员拿出上次活动分发的气质问卷，了解组员大部分属于哪些类型。 （2）社工讲解气质类型，重点讲组员所属的气质类型，对其他气质类型做简略说明。 （3）社工总结：每个人都有不同的气质类型，就算是同一种气质类型，表现的形式也是多样的，所以我们在与人相处时，需要更加尊重彼此	PPT
12分钟	分辨好的与不好的身体接触：学习区分好的、不好的身体接触	（1）泳衣遮盖的部位不可以随便让人触摸和观看，这是我们的身体隐私部位； （2）我们也不能随便触摸和观看别人的身体隐私部位	PPT 多媒体
12分钟	"安全三部曲"：学习如何拒绝	（1）NO——摇头、大声说不。 （2）RUN——尽快离开伤害者。 （3）TELL——告诉信任的大人。 注意：对于上述"安全三部曲"，社工需分别进行动作示范及解析相应注意事项	
3分钟	总结	（1）总结当天活动内容。 （2）预告下一小节小组活动时间，请下一小节可以到的组员举手。 （3）以超级鼓励掌声结束当天活动	

<table>
<tr><td>第 3 小节</td><td>淑女自我保护有方法</td></tr>
</table>

（一）目标

（1）形体学习及训练。

（2）学习识别诱惑及拒绝诱惑。

（二）流程

时间	环节名称/目的	内容	所需物资
2分钟	回顾上一小节内容	回顾上一小节学习的内容	PPT
10分钟	形体学习：学习形体知识	可邀请形体老师带领，或者社工请教形体老师后自行带领	
25分钟	拒绝被收买：学习识别诱惑及拒绝诱惑	（1）社工导入。 ①用PPT展示小红帽、狼外婆的故事，问组员：是否了解这个故事？故事中的大灰狼为什么可以成功接近小红帽？ ②社工引导：很多动机不良的人都是有计划、有步骤、有伪装的，不会一下子就露出真面目，就像小红帽故事里的狼外婆。需要我们掌握识别他们的方法，才能更好地保护自己。 （2）提供《拒绝被收买》工作纸，分组讨论，角色扮演。2～3人一组，根据情境扮演，用时10分钟，社工要到每一个小组进行指导。 （备注：社工可以根据组员人数及组员能力决定多少人一组，每组讨论几个情境；鼓励使用上一小节学习过的NO/RUN/TELL技巧） （3）角色扮演展示，每组表演后，社工需要点出其中表现好的地方。 （4）派发《约会安全法则》工作纸	PPT 《拒绝被收买》工作纸10张 《约会安全法则》工作纸10张
3分钟	总结	（1）总结当天活动内容。 （2）预告下一小节小组活动时间，请下一小节可以到的组员举手。 （3）以超级鼓励掌声结束当天活动	

第4小节　当淑女遭遇尴尬

（一）目标

（1）形体学习及训练。

（2）认识潜在侵犯及学会有效应对。

（二）流程

时间	环节名称/目的	内容	所需物资
10分钟	形体学习	可邀请形体老师带领，或者社工请教形体老师后自行带领	
2分钟	回顾上一小节内容	回顾上一小节内容，预告这一小节是小组倒数第二小节	
25分钟	谁该觉得羞耻——让组员在认知上重新调整：当遭遇尴尬时，觉得羞耻的该是坏人	（1）派发工作纸《谁该觉得羞耻》，邀请组员完成。 （2）社工解说并强调重点。 ①面对工作纸里提到的情境时，会有怎样的感受？ ②应该觉得羞耻的是什么人？ 这里社工需要在小组中处理一种认知：很多家庭在对女孩子进行教育时，常会夸女孩子"乖""懂事""有礼貌"，但"乖""懂事""有礼貌"，不代表遇到坏人时，要"乖""懂事""有礼貌"。淑女精神除了要有礼貌外，当遇到坏人时，更应具备智慧，为了保护自己不受坏人的侵害，可以对坏人说谎，可以对坏人没有礼貌。 ③如果发生这样的事情，我们可以怎么做？ 可以继续使用NO/RUN/TELL技巧。社工在引导时，需要说明技巧的使用是根据实际情况的，不是任何时候都把NO/RUN/TELL用上。譬如情境"有人在公交站台裸露身体"，为了孩子的安全，会建议孩子离开（RUN），告诉（TELL）家长，再让家长告诉学校的保安，反映情况。此时就不需大声说不（NO）。 （3）注意事项： ①对于这一小节的内容，社工的设计思路是情境导入—关注情绪—调整认知—学习应对方法；除了"安全三部曲"外，社工还可根据组员能力适当提供更多的方法让其选择。 ②社工对相关情境的处理逐一讲解，重点是鼓励组员自己提出处理意见	白板 白板笔 工作纸《谁该觉得羞耻》10份 圆珠笔10支

续表

时间	环节名称/目的	内容	所需物资
3分钟	总结	（1）总结当天活动内容，重点强调"谁该觉得羞耻"，让组员回应。 （2）预告下一小节小组活动时间，请下一小节可以到的组员举手；预告下一小节是小组最后一小节。 （3）以超级鼓励掌声结束当天活动	

第5小节　　　　家有淑女初养成

（一）目标

回顾并检验小组活动的内容。

（二）流程

时间	环节名称/目的	内容	所需物资
5分钟	热身环节：老师说	（1）组员在听到有老师说的指令时，便按照指令做；没有听到，则不做。 （2）指令从易到难	
25分钟	淑女毕业仪式：检验组员的学习成果，以仪式结束小组活动	（1）每位组员抽取1个信封，然后思考2分钟。 （2）思考时间结束后，邀请一位组员读出其抽到的问题，然后回答。 （3）社工根据组员的回答，由社工本人或邀请其他组员简单给予回应，肯定好的地方，或补充、完善答案。 （4）完成后，邀请所有组员给予超级鼓励掌声；请这位组员在"淑女毕业墙"上画上自己的手掌并签字，一一完成。 （5）所有人以超级鼓励掌声庆祝顺利完成小组活动	社工准备好12个信封，根据小组活动内容设置12个问题。 1.2米的大张纸1张，粗头彩色笔一盒
5分钟	社工总结	（1）社工对组员在小组中的好的行为提出赞赏。 （2）在"淑女毕业墙"合影留念	
5分钟	填写问卷：小组成效评估	向每位组员派发一张参加者意见调查表，组员完成后交给社工	参加者意见调查表10张

九、附件

| 附件 1 | 《拒绝被收买》工作纸 |

有些人会给我们一些礼物、钱或者其他吸引我们的物品，来收买我们，要求我们做不对劲或不好的事。我们要拒绝被收买，避免以后受到伤害。请同学们讨论：在下面的情况下，你会不会拒绝？如果会，你会如何拒绝？

（1）你和好朋友小蔡看到邻居家的叔叔的小狗很可爱，叔叔说家里还有两只小狗，邀请你和朋友一起到家里去。

（2）叔叔拿了你很喜欢的巧克力给你，然后请你帮他抓背。

（3）有陌生人拿出100元，要你带他到附近的店铺里买一包烟，找回来的钱他会全部送给你。

| 附件 2 | 《谁该觉得羞耻》工作纸 |

当不好的事情发生在我们身上时，我们会有不好的感觉，如被老师责备了，会感觉心情不好。当侵害发生，身体被侵犯时，不但心情不好，而且会感到丢脸、羞耻。但受伤害的孩子是没有错的，做错事的人伤害他人，觉得羞耻的应该是做错事的人。下面请同学们找到该觉得羞耻的人。

情况	该觉得羞耻的人
有人逼你看他/她裸露的身体	
有人逼你摸他/她的身体	
有人骗你闭上眼睛，要送你礼物，结果他/她摸了你的身体	
有人爱说黄色笑话	
有人常说骂人的话	
有人常批评你的身材、讽刺你的长相	
有人偷看你上厕所	
有人在公共场所（如公交站台）裸露身体	
有人拿黄色书刊给你看	

第二节　活动方案范例

活动1　小熊猫——儿童零暴力成长活动

一、基本信息

活动名称：小熊猫——儿童零暴力成长活动

活动对象：9～12岁儿童

活动时间：2018年6月

活动地点：小学

活动人数：50人

负责社工：刘社工

人手编排：1名社工，1名讲师，3名助教

二、背景

2018年3月至5月，深圳市鹏星家庭暴力防护中心针对深圳市398户家庭开展了入户调查。调查数据清晰地揭示出，当前儿童遭受暴力对待及目睹暴力行为的现象不仅普遍存在，而且情况相当严峻。与此同时，该中心还对10所学校的1300名初高中学生展开调查，结果显示，23.9％的受访者表示身边存在1～3个有家庭暴力（简称"家暴"）问题的家庭。

家庭暴力具有极强的隐蔽性，儿童遭遇及目睹家暴的情况极易被外界忽视。但实际上，这类经历会对儿童的情绪及人际交往产生深远影响。例如，儿童可能会因此习得暴力行为，陷入习得性无助的困境，过早承担起本不属于他们的责任（如亲职化），出现心理早熟等问题。这些问题进一步表现为对同辈群体实施暴力、更容易参与欺凌行为等。家庭暴力严重阻碍儿童在生理和心理层面的健康成长，同时也对社会、学校以及社区环境造成负面影响。鉴于学校和社区是儿童在家庭之外较为活跃的活动场所，针对儿童遭遇及目睹家庭暴力问题的介入工作就显得尤为重要。基于此，社工计划与S小学携手合作，共同在校园内开展"小熊猫——儿童零暴力成长活动"。

认知行为疗法指出，人的情绪并非由所遭遇的事件本身直接引发，而是源于人对事件的信念、评价、解释或哲学观点。诚如认知疗法的核心代表人物贝克所言：适应不良的行为与情绪，根源皆为适应不良的认知。举例来说，若一个孩子长期处于家庭暴力环境中，受其影响，可能会逐渐崇尚暴力，甚至将受暴者的不幸遭遇归咎于自身，认为是自己不讨父母喜欢，进而导致自信心严重受挫。更为严重的是，他们有可能习得家庭暴力模式，最终形成代际传递的恶性循环。

在本次活动中，社工通过精心设计互动游戏、深入探讨家暴故事、详细介绍家暴知识、组织充分的讨论分享等丰富多样的形式，引导孩子们正确、全面地认识暴力行为，帮助他们掌握正确的沟通方式，最大限度降低家庭暴力给孩子带来的负面影响，助力儿童健康成长。

三、目的与目标

（一）目的

传播非暴力沟通方法，提高儿童朋辈间非暴力沟通意识，营造"零暴力校园"的氛围，促进校园和谐。

（二）目标

（1）参与活动的儿童辨识暴力率不低于80%。
（2）参与活动的儿童学习到不少于3种非暴力沟通方法。

四、活动安排

阶段	时间	环节名称	具体内容	人员分工	物资
前期准备	6月9日	场地落实	与校方联系，实地走访，确认合适的场地	刘社工	
	6月12日	讲师确定	邀请工作坊讲师	刘社工	
	6月13日	方案策划	制定活动方案、制作课件	刘社工	
	6月13日	物料准备	横幅、宣传折页、小礼品、活动道具、翻页笔、活动意见反馈表、写字笔、透明胶	刘社工	
活动安排	6月13日 14：00— 14：30	场地布置	悬挂横幅、调试设备、摆放宣传折页	孙讲师	横幅 翻页笔

阶段	时间	环节名称	具体内容	人员分工	物资
活动安排	6月13日 14：30— 14：50	开场及热身	（1）讲师做自我介绍并介绍活动主题为"拒绝暴力"，询问参加者对于暴力的看法。 （2）发放《哈利·波特》学习单，邀请参加者主动协助朗读且每位参加朗读者可以自己决定念到哪一个段落，然后再由其他自愿的参加者接着念下去，直到大家分工轮流将文章朗读完毕	孙讲师	《哈利·波特》学习单
	6月13日 14：50— 15：10	活动一：拒绝暴力	（1）讲师邀请参加者从刚阅读的《哈利·波特》学习单中寻找暴力的影子，说说自己的理解。 （2）讲师结合大家的反馈讲解暴力的三种类型：身体暴力、心理暴力和性暴力。 （3）讲师邀请参加者举例说明：在日常生活中很容易不小心出现的暴力行为或语言是什么？通常都是在什么情况下最容易出现	孙讲师	
	6月13日 15：10— 15：25	活动二："大拳头"与"好头脑"	（1）讲师引导参加者思考："有人说，拳头比别人大的人，说话也可以比别人大声，这样的人表面上看起来好像很威风，但实际上真的是如此吗？" （2）发放《"大拳头"与"好头脑"》学习单，引导参加者阅读故事后写下自己的想法并邀请参加者分享。 （3）团体讨论："你怎么看阿力开始的行为？小雨的做法非常明智，你们还有什么其他好的做法？" （4）由讲师引导参加者思考真正的智慧和厉害是什么	孙讲师	《"大拳头"与"好头脑"》学习单

阶段	时间	环节名称	具体内容	人员分工	物资
活动安排	6月13日 15：25— 15：45	活动三：是什么躲在暴力后面	（1）将参加者分为5人一组。讲师发给每组一份练习题学习单。 ①为什么有人会使用暴力？ ②打人的人是想要达到什么目的？ ③有些人不会打外面的人，但是会打家里面的人，你认为他这么做是为什么？ ④你认为以大欺小是什么意思？ ⑤只有年纪大的欺负年纪小的，或者身体壮的欺负身体弱的，才叫以大欺小吗？ ⑥还有哪种情况也可以叫以大欺小？ （2）请参加者讨论学习单上的题目，并将讨论内容摘录在学习单上；各组派代表报告本组讨论的结果。 （3）讲师总结：讲师将学生所报告的内容归纳起来，说明几项导致暴力行为的原因	孙讲师	练习题学习单
	6月13日 15：45— 15：50	活动四：圈圈叉叉	（1）讲师抛出历史上相关的暴力事件（如南京大屠杀等），引申到家庭暴力和校园暴力，说明暴力现象普遍存在于社会上。虽然参加者还只是小学生，但是也可以从小就树立起正确的观点。 （2）讲师结合所讲，问参加者有关家庭暴力的几个问题，赞成的人双手比出圈圈的姿势，不赞成的人双手比出叉叉的姿势。在每一题结束后，看参加者的回答并且讨论正确答案	孙讲师	

阶段	时间	环节名称	具体内容	人员分工	物资
活动安排	6月13日 15：50— 16：00	活动五：暴力终结者	（1）讲师说明暴力产生的原因，传递"若能消除这些原因，暴力行为就有可能减缓"的理念 （2）讲师介绍非暴力沟通的方法及正确的观念；在黑板上张贴一大张海报（上面画有"暴力"字样或图样），每位参加者代表暴力终结者，请参加者将讲师分享的方法与正确的观念或自己想出的方法写在纸条上，写好后自行贴到海报上（参加者可自行决定要不要署名），覆盖海报上的"暴力"字样，以此"终结暴力"	孙讲师	海报纸
	6月13日 16：00— 16：05	总结	讲师总结本次内容。 （1）说明家庭暴力的发生与价值观有很大关系。 （2）暴力是不被社会所接受的行为，不论是发生在家中或外面，都是侵犯了他人，一样是不被允许的。 （3）要停止暴力行为，首先要做好情绪管理，并且要改变错误的价值观	孙讲师	
	6月13日 16：05— 16：10	填写反馈问卷	发放反馈问卷，引导参加者填写并回收	刘社工	反馈问卷
活动跟进	6月13日及以后	个案跟进	建立联结，若发现个案，可联合学校、社区跟进	学校助教中心工作人员	
	6月17日	档案归档	整理照片、反馈表等，进行汇集与总结	刘社工	
	6月22日	财务报销	整理活动票据，进行报销	刘社工	

五、活动评估

序号	评估项	评估指标	评估方法
1	出席人数	不少于50人	看照片，点数
2	目标	（1）参与活动的儿童辨识暴力率不低于80％。 （2）参与活动的儿童学习到不少于3种非暴力沟通方法	观察法，活动意见反馈表
3	满意度	出席人员对活动的满意度的平均分不低于4分（满分5分）	活动意见反馈表
4	文档记录	文档记录及时、完整	查阅报告

六、困难预估

序号	预计困难	解决方法
1	上课节奏没把握好，导致时间到了还没讲完或者讲完还剩很多时间	试讲一次把握上课节奏，提前准备小游戏，在有时间剩余的情况下使用
2	参与度不高	利用小游戏及参与游戏带来的奖品提升参加者热情，把互动贯穿于课程中，忌自顾自地讲

七、附件

附件1　　　　　　　　　　　《哈利·波特》学习单

哈利·波特在父母去世后，被送到母亲的姐姐佩妮·德思礼家寄养。女贞路是一条整洁美观的"模范式"大街，但居民们喜欢刨根问底。德思礼一家住在4号，他们对魔法等奇怪神秘的事不感兴趣。

哈利在这里的生活并不愉快，他被当作佣人，住在楼梯下的小隔间。哈利穿着表哥达力的旧衣服，这些衣服又小又不合身。德思礼夫妇很少给哈利足够的食物，在他们家，哈利总是吃不饱。

弗农姨夫会因为一些小事对哈利拳打脚踢。玛姬姑妈曾用拐杖狠狠打哈利的腿，还放狗咬他。达力和他的跟班也经常对哈利进行身体上的攻击，比如拳打脚踢。

德思礼一家从精神上对哈利实施冷暴力，佩妮姨妈会鄙视、嫌弃、咒骂哈利，弗农姨夫也对哈利态度恶劣。他们还向邻居灌输哈利不正常的观念，使他被社区孤立。

附件2　　　　　　《"大拳头"与"好头脑"》学习单

新学期转来的转学生阿力，有着健壮的体格和火爆的脾气。他总爱用拳头解决问题，强行霸占乒乓球台，还让低年级同学替他写作业。同学们敢怒不敢言，校园里原本的欢声笑语渐渐消失了。

班长小雨决定改变这一切。她发现阿力虽然霸道，但每次看到科技社团的机器人展示都会驻足很久。于是，小雨邀请阿力加入机器人小组，还特意安排他负责组装机械臂这种需要力量的关键工作。阿力一开始满不在乎，可在搭建机器人的过程中，他渐渐被复杂精妙的齿轮结构和编程逻辑吸引。

机器人比赛那天，阿力的机械臂出现故障，急得他涨红了脸。小雨带着队员们没有抱怨，而是和他一起分析图纸、排查线路。当他们的机器人最终夺得亚军时，阿力第一次体会到团队合作的力量。从那以后，阿力收起了拳头，开始用他的好头脑与强壮体格，和大家一起解决各种难题，成了校园里广受欢迎的伙伴。

活动2　儿童情绪体验活动

一、基本信息

活动名称：儿童情绪体验活动

活动对象：社区9~12岁儿童

活动时间：2025年3—4月

活动地点：社区党群多功能活动室

活动人数：20人

负责社工：仇社工

人手编排：主带社工1人，协助人员3人

二、背景

在当今快节奏的社会环境下，儿童面临学业压力、社交挑战等，其情绪健康问题日益凸显。不少儿童因缺乏情绪管理能力，在面对困难时易产生焦虑、沮丧等负面情绪，且难以有效调节。与此同时，家长们往往更关注孩子的学业成绩，忽视了情绪教育的重要性。学校教育在情绪培养方面虽有所涉及，但深度与系统性不足。儿童时期是情绪认知与管理能力发展的关键阶段，良好的情绪体验与应对能力，对孩子未来的人际关系、心理健康及学业成绩等有着深远影响。基于此，我们特举办儿童情绪体验工作坊，期望助力儿童更好地认识和管理自身情绪，为其健康成长奠定坚实基础。

三、目的与目标

（一）目的

通过多样化的活动与互动，帮助儿童了解情绪，掌握有效的情绪管理方法，促进其身心健康发展，助力儿童以积极健康的心态面对成长中的各种挑战。

（二）目标

（1）儿童了解至少5种情绪。

（2）儿童掌握至少3种应对负面情绪的方法。

四、活动安排

阶段	时间	环节名称	具体内容	人员分工	物资
前期准备	3月10—14日	前期沟通及筹备	联系社区沟通招募情况	仇社工	
			联系社区沟通场地安排	仇社工	
			与协助人员沟通	仇社工	
			撰写计划书、准备物资	仇社工	电脑
活动安排	3月29日 9：00— 9：05	开场	（1）讲师简单做自我介绍。 （2）讲师简要介绍活动目的及内容	仇社工	
	3月29日 9：05— 9：20	安全感建立	（1）字母操。 ①讲师先带领大家读一遍字母操工作纸上的所有字母。 ②讲师讲解，如果指挥棒指到小写字母，念出来不用站，指到大写字母则需要站起并念出来（讲师指字母过程中会打乱顺序）。 ③加大难度，遇到大小写L（l）与R（r），配合举起相应的手。 （2）撕纸（投"子弹"） ①讲师示范如何将一张纸撕成条状，过程不能断，看能撕成多长。	仇社工	字母操工作纸1张 彩色A4纸20张 空箱子1个

阶段	时间	环节名称	具体内容	人员分工	物资
	3月29日 9：05— 9：20	安全感 建立	②给每个人发一张纸开始撕，撕完后邀请大家展示各自的作品，然后跟现场其他人比较哪个人的长。 ③最后选出几个特别长的作品在全组展示。 ④展示完后，分成两队，大家将手上的作品化为"子弹"，揉成一团，大家各自为营，开始投掷"子弹"，规定时间内，看哪边的落地"子弹"数量少。共进行两轮比赛	仇社工	字母操工作纸1张 彩色A4纸20张 空箱子1个
活动 安排	3月29日 9：20— 9：35	分组	(1)分组（3组）。 男生往前一步，报1、2、3；女生原地不动，报1、2、3。报到相同数字的成为一组，到指定位置找小组讲师，围成圈坐下。 (2)写名牌。 ①讲师邀请每组一位"勇士"出来，领取小组姓名牌跟彩色笔； ②讲师邀请"勇士"回去派发姓名牌跟水笔，每个人写上喜欢别人怎么称呼自己。 (3)打招呼。 讲师邀请组员用不同国家见面打招呼的方式跟其他组员打招呼，建立小组"合约"。 (4)喝水庆祝。 给每个小组发水，邀请组员举杯，一起庆祝小组成立，预祝接下来的时间大家一起玩得开心、收获满满	仇社工	姓名牌20个 彩色笔3盒 矿泉水
	3月29日 9：35— 9：45	杂耍庆祝 时间	(1)讲师演示抛丝巾。 (2)讲师讲授抛丝巾口诀，两条是抛抛接接，三条是抛抛接—抛接抛接。 (3)大家一起尝试，讲师指导示范。 (4)所有人有8分钟时间练习尝试，如果2条丝巾可以抛到5个圈，可以找讲师考核，请讲师讲授新技能	仇社工	丝巾20条

阶段	时间	环节名称	具体内容	人员分工	物资
活动安排	3月29日 9：45— 10：15	情绪主题体验及学习	（1）眉目传情。 ①先展示所有情绪卡片（可选择快乐、生气、难过、害怕等情绪图片），讲师结合自身经历举例说明所有情绪，让大家了解所有情绪，然后将情绪词卡展板转过去。 ②邀请每个小组排成一个纵队，坐下。每个小组最后一个组员上来，讲师指出一个情绪词卡，上来的组员看到词卡后回到小组最后一个位置，只能用动作、表情展示，不能出声，一个个往前传递所看到的情绪。最后一个接收到的组员出列到台前，展示自己收到的表情，并说出自己觉得是什么表情。呈现结束之后，台上呈现的成员成为下一位传递表情的人，看到词卡后，回到小组最后的位置一个个传递上来。依次类推，直到所有人都体验过一遍。 （2）情绪小视频。 ①简单介绍《头脑特工队》电影，了解大家是否看过此电影。 ②邀请大家观看一遍《头脑特工队》短视频，问大家看到哪些情绪。 ③再邀请大家观看一遍，讲讲自己平常哪些时候会有这些情绪出现。 （3）小讲解。 ①会有多种情绪，这是很正常的事，我们需要留意自己的情绪。 ②情绪没有对错好坏。 ③不伤害自己、不伤害别人、不破坏环境。 ④当有负面情绪的时候，我们是有选择的，可选择以适当的方式宣泄出来。 （4）小互动。 ①讲师给每个组员派发心形贴纸及签字笔，邀请每个组员写出一个日常当自己有负面情绪出现的时候有哪些有效的缓解方式。 ②写完之后邀请组员将心形贴纸贴在"情绪秘籍"海报上。 ③讲师小结	仇社工	移动白板1个 情绪词卡10张 指挥棒1根 《头脑特工队》短视频1部 电脑1台 "情绪秘籍"海报1张 心形贴纸1本 签字笔1盒

续表

阶段	时间	环节名称	具体内容	人员分工	物资
活动安排	3月29日 10：15— 10：25	总结	（1）三言两语：讲师邀请组员分享当天的感受及收获。 （2）讲师总结。 （3）问卷收集	仇社工	参加者意见反馈表
	3月29日 10：25— 10：30	合影	（1）合影。 （2）收拾场地	仇社工	相机
活动跟进	4月上旬	档案归档	完成总结报告并依照社工机构相关程序存档	仇社工	总结报告
	4月上旬	财务报销	整理活动票据，进行报销	刘社工	

五、活动评估

序号	评估项	评估指标	评估方法
1	出席人数	不少于16人	现场观察
2	目标	（1）至少80％的参加者能够了解至少5种情绪。 （2）至少80％的参加者能够了解至少3种应对情绪的方法	查阅问卷
3	满意度	至少80％的组员对活动的时间安排、场地安排、工作人员态度及表现的满意度打分在4分及以上（满分5分）	查阅问卷
4	文档记录	文档记录及时、完整	检查文档资料

六、困难预估

序号	预计困难	解决方法
1	招募儿童年龄差异比较大	与社区工作人员提前沟通，说明招募要求，按照年龄段筛选合适的群体
2	活动场地要求较高	因为是儿童体验性活动，对于活动场地要求较高，需要提前跟社区沟通，寻找合适的场地，既要足够大，又要确保安全

第三节　儿童领域实务要点

　　儿童是一个身心处于快速发展状态的脆弱个体，儿童社会工作者需要充分了解这种脆弱相伴随的成长过程，综合运用专业的价值理念、科学知识和方法，改善或者消除儿童脆弱性，这样才能为儿童顺利成长提供有效保障。

一、儿童的特点

　　儿童成长发展特点包括快速性、阶段性、顺序性、不均衡性、个体差异性、分化与互补性。该领域实务议题聚焦于儿童权益保护、身心健康、儿童支持与教育等。

二、常用理论及干预方法

　　常用理论：主要包括认知发展理论、心理社会发展理论、社会学习理论、认知行为理论、依恋理论、生态系统理论。

　　干预方法：主要包括游戏治疗、自然疗法、认知行为疗法。

三、案例评析

　　本章精选了1个儿童小组案例及2个活动案例。

　　小小淑女——女童自我保护小组：在预防性侵犯这个敏感的话题上，社工通过小组学习及练习提升组员拒绝不合理要求的动机及技巧，并告知当危害发生时，可以通过哪些途径及资源得到帮助。为了吸引女生参加小组，社工在活动设计时引入"淑女"的概念，避免女生对敏感话题感到害羞而不好意思参与。而"淑女"的概念除了表示有礼貌，更代表有智慧，懂得拒绝不合理的要求，同时设置"了解自己的气质类型""形体学习及训练"等内容进行去标签化，小组主题和形式广受欢迎。

　　小熊猫——儿童零暴力成长活动：关注到儿童遭遇及目睹家暴对儿童生理、心理成长带来的伤害，联合学校共同介入，通过游戏互动、"儿童遭受暴力"的故事探讨、家暴知识介绍、讨论分享等多种形式，引导儿童合理认识暴力，学会自我保护的方法及正确的沟通方式。

　　儿童情绪体验活动：通过营造一个安全、支持性的环境，让儿童通过体验各种活动，在具体情境中感受不同的情绪。鼓励儿童关注自己内心的情绪变化，帮助他们学会识别情绪，提供多样化表达情绪的途径。

四、设计要点

（一）建立"合约"

儿童的特点是无法保持太长时间的注意力，他们可能不会因为你是社工而配合，只会因为社工有"真材实料"才跟随。"真材实料"就是社工的带领技巧，而其中较重要的技巧是在活动中建立"合约"，即在活动中让儿童愿意跟随规则。与儿童建立"合约"的诀窍是：形式简单，快速完成，好玩有趣。

（二）内容选择

内容选择应与日常生活相结合，并考虑增加有趣、好玩的内容。由于儿童年龄和身心特点（好动、集中注意力时间短），内容应采用多媒体、图片、音乐等多元化的方式吸引儿童的注意。

（三）时间安排

需要留意儿童注意力的特性，按照注意力一岁多一分钟的定律，活动的设计一般每隔10分钟左右就要调节他们的状态，让他们可以在较好的状态下投入每一个环节。

（四）场地选择

场地不是越大越好，应根据人数选择适合的场地，确保有足够的活动空间。另外，应确保场地安全，将与活动无关的物资等收纳好，以免吸引孩子的注意力。

（五）活动带领

社工要充分注意到儿童的能力，在活动过程中给予其机会发挥及展示。同时留意他们的好的行为，及时给予鼓励和欣赏，这些鼓励和欣赏能够带给儿童力量及令他们更好地投入活动。

五、关键词总结

（一）儿童利益优先

始终将儿童利益放在首位。

（二）儿童发展潜力

坚信每个儿童都有较大的发展潜力。

（三）尊重独特性

认识到每个儿童都是独一无二的个体。

（四）创造体验机会

创造各种体验机会，让儿童在活动过程中发展自己的各项能力。

六、思考题

（1）思考儿童领域的社会工作者需要具备哪些能力。

（2）参考范例，设计一个针对儿童自我认识的主题活动。

第二章

青少年领域服务方案

第一节　小组方案范例

小组 ▶ EPS领袖生小组——高中社团领袖能力提升小组

一、基本信息

小组名称：EPS领袖生小组——高中社团领袖能力提升小组

小组对象：曾经参加过EPS公益社团，并愿意参与社团管理的高二学生

小组人数：10人

小组时间：2018年9—10月

小组地点：学校小组活动室

小组性质：成长性小组

小组节数：共5小节

负责社工：欧社工

人手编排：社工1人，助理1人

二、背景

EPS公益社团是某学校高中部公益类学生社团，由学生自发组织建成，社工担任社团的指导老师。社团名字EPS是Everyone's Public Service（人人为公益）的缩写，寓意为：每个人都参与公益，每个人都热爱公益。

结合前一年社团的活动情况，社团已产生一批主要的骨干成员/领袖生，在社团课及外出实践过程中都展现了他们的能力。本学期社工希望发挥这批领袖生的力量，开设EPS领袖生小组，让学生参与到社团的筹备、管理工作当中，促进学生之间有更多团队合作的机会，提高学生在团队中的沟通协作能力及领导能力。

三、理论架构

在社会工作实务中，关于EPS社工介入模式有三个主要的概念：E＝Empowerment（充权）；P＝Participation（参与）；S＝Strengths Perspective（优势视角）。社工的重要目标是帮助服务对象达致充权，通过参与让服务对象发挥优势并获得充权，同时要极度相信服务对象有能力及优势达致充权的目标。

其中充权层面，包括个人充权、人际充权和制度充权。个人充权包括增强自信心，提升个人形象和能力，消除对个人的负面形象；人际充权则促使服务对象不害怕与人相处，甚至觉得有能力影响别人；制度充权则促使服务对象关心社会或团队的制度/管理，尝试主动承担团队的管理工作，表达诉求，提出改善建议。

在该小组中，社工让服务对象获得更多参与社团筹备及管理的机会；通过参与招募工作及带队开展探访活动，帮助服务对象发掘及认同自己的能力。

四、目的与目标

（一）目的

（1）帮助服务对象发掘及认同自己的能力，肯定和强化自我价值和自尊感，提升个人自信心。

（2）提升服务对象在团队中的沟通协作能力及领导能力。

（二）目标

（1）至少80％的组员相信自己有能力带领高一新生开展社团活动。

（2）至少80％的组员参与到社团探访活动的组织带领工作中。

五、小节安排

节序	日期/时间	主题/目标		人员分工
1	9月6日 17：10—18：10	主题：建立小组安全感。 目标：组员互相认识，建立小组安全感；讨论小组契约及对于小组的期待		主持：欧社工
2	9月13日 17：10—18：10	主题：招募计划。 目标：建立小组安全感；分组讨论社团对高一新生的招募计划		主持：欧社工
3	9月20日 17：10—18：10	主题：团队成长。 目标：组员总结招募工作；组员之间互动和合作增多		主持：欧社工
4	9月27日 17：10—18：10	主题：参观爱心智慧中心。 目标：组员能够担任参观任务的主要组织者和带领者；组员能够安排参观活动的时间及人手分工		主持：欧社工
5	10月11日 17：10—18：10	主题：总结庆祝。 目标：回顾小组活动，巩固小组成效		主持：欧社工

六、小组评估

序号	评估项	评估指标	评估方法
1	出席人数	不少于8人	查阅签到表
2	目标	（1）至少80％的组员相信自己有能力带领高一新生开展社团活动。 （2）至少80％的组员参与到社团探访活动的组织带领工作中	查阅问卷 查阅探访活动分工安排表
3	满意度	至少80％的组员对小组的时间安排、场地安排、工作人员态度及表现的满意度打分在4分及以上（满分5分）	查阅问卷
4	文档记录	文档记录及时、完整	检查文档资料

七、困难预估

序号	预计困难	解决方法
1	小组活动时间与上课时间冲突	提前与学部教学处了解高二上课时间表，与团委沟通借用教室，避免影响高二学生上课
2	组员信心不足	不强迫学生，但尽可能给更多机会让学生自主安排招募及参观活动，社工扮演着使能者和支持者的角色，观察和欣赏学生好的行为

八、小组小节计划

第1小节　建立小组安全感

（一）目标

（1）组员互相认识，建立小组安全感。

（2）讨论小组契约及对于小组的期待。

（二）流程

时间	环节名称/目的	内容	所需物资
10分钟	前期准备	（1）场地布置。 （2）小组签到	签到表 笔

续表

时间	环节名称/目的	内容	所需物资
20分钟	建立安全感	（1）派发A4纸及彩色笔。 （2）将A4纸横着对折，再竖着折出三等份，在折出的格子里沿着竖的方向从左上方开始依次标上数字1至5。 （3）组员可以在相应的序号区域内分别画上喜欢的食物/水果、季节、卡通人物、颜色及代表自己的符号。 （4）分别进行2人一组、4人一组、小组全员分享	A4纸10张 写字板10个 彩色笔3盒
20分钟	讨论小组契约和对于小组的期待：让组员思考参加小组需要遵守的契约及对于小组的期待	（1）随机分成2组，重新分发A4纸。 （2）小组选出1名组长、1名书记员，组长负责带领组员讨论，书记员负责记录。 （3）每个组员先在自己的纸上写出认为重要的3条小组契约及2条期待； （4）组长带领组员分享自己的思考结果并总结出小组讨论结果，书记员负责记录，每组筛选出3条契约及2条期待	写字板 A4纸 圆珠笔 彩色卡纸 彩色笔
10分钟	社工小结	（1）两组依次展示小组讨论的结果。 （2）社工对组员的发言进行小结，确定小组契约及回应组员的期待。 （3）提醒组员下一小节小组活动时间	

第2小节　招募计划

（一）目标

（1）建立小组安全感。

（2）分组讨论社团对高一新生的招募计划。

（二）流程

时间	环节名称/目的	内容	所需物资
10分钟	前期准备	（1）场地布置。 （2）小组签到	签到表 笔

时间	环节名称/目的	内容	所需物资
10分钟	小组安全感	（1）以掌声鼓励。 （2）天才/天使：组员两两一组，面对面站着，伸出右手，类似握手动作，掌心保持一个拳头距离。其中一位为"天才"，另一位为"天使"。社工念一段话，当听到"天才"，"天才"组员要伸手捉住对方的手；"天使"便要尽快缩手，避免被捉到。 （3）社工观察游戏中大家的表现	
20分钟	新生招募计划：通过讨论完成新生招募计划，让组员学习如何分工与合作	（1）社工讲解招募新生的原因。 （2）按上一小节的分组，抽取需要讨论的内容，领取物资进行讨论。 （3）根据纸条上的"宣传内容""时间安排""人手分工""物资清单"分别进行讨论	写字板 A4纸 笔 抽签纸条
10分钟	小组展示	（1）两组轮流展示小组讨论的结果，完成后社工带领大家以掌声鼓励。 （2）根据各组展示的结果，进行补充、修改与完善。 （3）社工带领组员讨论招募的目标	
10分钟	社工小结	（1）社工带领大家以掌声鼓励。 （2）社工对组员讨论的结果进行补充，并安排组员即日起开始到社工办公室收集并准备物资。 （3）预告下一小节小组活动时间	

第3小节　　　　　　　　　团队成长

（一）目标

（1）组员总结招募工作。

（2）组员之间互动和合作增多。

（二）流程

时间	环节名称/目的	内容	所需物资
10分钟	前期准备	（1）场地布置。 （2）小组签到	签到表 笔

续表

时间	环节名称/目的	内容	所需物资
20分钟	建立安全感：建立"合约"、认识自己/他人、团结合作，促进组员之间有更多的了解及互动	（1）手指操。所有组员围成圈，社工带领组员做手指操：双手五个手指相对，从大拇指开始朝着一个方向绕圈，依次到食指、中指、无名指、小拇指，再从小拇指绕回到大拇指。让参加者感受每个手指的转动，有些手指转动会比较困难，没有关系，尽自己能力去转就可以，多鼓励。 （2）生日Bingo。每位组员派发一张Bingo工作纸，写好自己的名字及工作纸上的信息。组员要在1分钟内，尽可能多地请其他组员在问题一样的方格里签字，如果同一个组员在横竖斜上的问题都一样，就是Bingo了。 （3）Jump in/Jump out。所有组员手拉手，听社工指令，听到Jump in就全体组员向前跳一步，听到Jump out就全体组员向后跳一步，中间手不能松开。 （4）大回环。所有组员手拉手，将呼啦圈放在其中一位组员的手边，所有组员用最快速度将呼啦圈穿过所有人。社工负责计时。完成一圈后，请一位组员告诉大家所用的时间，给所有组员掌声鼓励。 可以根据组员的状态，决定是否挑战第二轮	蓝牙音箱 Bingo纸 彩色笔 呼啦圈
25分钟	总结招募工作：通过回顾招募过程，让组员分享自身经验，促进他们有更多成长	（1）安排一名组员负责带领大家分享，一名组员负责记录，给予两名组员掌声鼓励。 （2）按人手分工安排表，各小组进行简单的汇报，包括如何宣传、学生反应及当中有无困难发生，给予每个发言学生掌声鼓励。 （3）邀请其他组员进行回应	人手分工安排表 写字板 A4纸 笔
5分钟	社工小结	（1）社工带领大家以掌声鼓励。 （2）社工对组员分享的成果进行回应，肯定组员在招募过程中的努力及成效。 （3）预告下一小节小组活动时间、任务，鼓励组员共同努力筹备	

| 第4小节 | | 参观爱心智慧中心 | |

（一）目标

（1）组员能够担任参观任务的主要组织者和带领者。

（2）组员能够安排好参观活动的时间及人手分工。

（二）流程

时间	环节名称/目的	内容	所需物资
10分钟	前期准备	（1）场地布置。 （2）小组签到	签到表 笔
10分钟	小组安全感：建立"合约"、认识自己/他人	（1）手指操。所有组员围成圈，社工带领组员做手指操（同上一小节）。 （2）笑口常开。社工导入"笑口常开"主题。"笑口常开"每个字分别对应一个身体动作，社工示范每个字对应的身体动作。组员明白之后，社工便随机说出一个字，看全体组员是否整齐一致。完成后，欣赏好的行为，带领全体组员以掌声鼓励	蓝牙音箱
20分钟	探访计划：让组员能够参与小组讨论，发挥领袖生的能力	（1）社工讲解上一学年组织学生义工探访爱心智慧中心的成效，这学期继续组织探访活动的原因。 （2）按之前的分组，抽取需要讨论的内容，领取物资进行讨论。 （3）根据纸条上的"探访活动排期及人手分工""物资清单""探访注意事项及带领义工的角色""参观安排"分别进行讨论	写字板 A4纸 笔 抽签纸条
10分钟	小组展示：促进两组成员之间的交流，共同完善招募计划	（1）两组轮流展示小组讨论的结果，完成后社工带领组员给予掌声鼓励。 （2）根据各组展示的结果，社工进行补充、修改与完善	
10分钟	社工小结	（1）社工带领大家以掌声鼓励，并对大家的付出给予肯定。 （2）预告下一小节小组活动时间	

第 5 小节　　　　　　　　　　总结庆祝

（一）目标

回顾小组活动，巩固小组成效。

（二）流程

时间	环节名称/目的	内容	所需物资
10分钟	前期准备	（1）场地布置。 （2）小组签到	签到表 笔
10分钟	安全感建立：建立"合约"、认识自己/他人	（1）做手指操（同上一小节）。 （2）以掌声鼓励	蓝牙音箱
10分钟	回顾总结：通过回顾招募过程，让组员分享自身经验，促进他们有更多成长	（1）社工与组员一起回顾小组的经历，尤其是组员共同筹备的活动所创造的回忆。 （2）每位组员用一句话分享在小组中的感受。 （3）社工总结，将组员分享的感受对应到第一小节所讨论的期待，发现并欣赏学生好的行为	"收获与付出"工作纸
30分钟	小组相册：将组员的共同回忆以照片形式作为纪念	（1）每位组员可以挑选2张照片作为纪念，并共同制作相册。 （2）填写参加者意见反馈表	DIY 相册 照片 荧光笔 贴纸 参加者意见反馈表 圆珠笔 食物

第二节　活动方案范例

活动1　且行且歌高考路——考前辅导减压活动

一、基本信息

活动名称：且行且歌高考路——考前辅导减压活动

活动对象：职校高考班学生

活动时间：2015年5月

活动地点：班级教室

活动人数：50人

负责社工：吴社工

人手编排：1名社工

二、背景

社工通过对职校高考班班主任、任课老师、学生进行访谈，了解到，奋战了一年多的职校高考班学生在临近高考的阶段，表现出了不同的行为：

（1）重视高考并认为高考在人生阶段起重要决定作用的学生多数表现出紧张、焦躁，担心高考等；

（2）学习成绩不稳定的学生表现出更多的担心，不知道临近高考这些天如何安排自己的时间、调整自己的心态；

（3）少数已经放弃高考的学生出现了散漫等行为。

针对服务对象的行为及情绪表现，社工拟协助服务对象从了解自我和高考的关系入手，认识并尝试接纳由压力带来的情绪；通过察觉和改变情绪背后的想法，掌握积极的、正面的自我暗示方法。

理性情绪疗法认为，人们的情绪障碍是由人们的不合理信念所造成的。不合理信念主要指绝对化要求、过分概括化、糟糕至极。活动通过情景模拟帮助服务对象认识自己的压力来自不合理信念，协助他们学会以合理的思维方式代替不合理的思维方式，从而消除由不合理信念引起的情绪困扰和障碍。

班杜拉的社会学习理论认为，人可以通过观察其生活中的重要人物的行为而习得社会行为。成员间可以通过小组之间的分享、互动，习得学习中解决压力的方式方法，因此社工在活动设计中邀请服务对象分享自己的经历和可行方法。

三、目的与目标

（一）目的

帮助服务对象正面认识高考，找回信心。

（二）目标

（1）认识高考与自己的关系。

（2）学习接纳由压力带来的情绪。

（3）掌握积极的、正面的自我暗示方法，进行自我调适。

四、活动安排

阶段	时间	环节名称	具体内容	人员分工	物资
前期准备	5月12日	前期调查和沟通	联系各班主任，了解高考班学生状态及需求	吴社工	
			向高考班学生了解高考辅导的需求和侧重点	吴社工	
			联系德育主任安排时间，告知活动	吴社工	
活动安排	5月15日 9：00—9：03	社工自我介绍	介绍社工及社工服务	吴社工	
	5月15日 9：03—9：08	导入：看到高考你想到什么	（1）社工抛出一个软球，接到球的学生站起来回答，社工给予第一个回答的学生以肯定和欣赏。（2）第一个回答的学生可以选择下一个回答的学生，并将软球轻抛给他/她（预计3~5个学生，完成后社工要给予欣赏和肯定）	吴社工	PPT 软球

阶段	时间	环节名称	具体内容	人员分工	物资
活动安排	5月15日 9：03— 9：08	导入：看到高考你想到什么	（3）完成后，社工对学生的回答进行总结，导入当天的主题，并导入下一个环节：有人想到解脱，有人想到上大学的美好生活，有人想到父母的期待，每个人对待同一件事会有不同的反应，这是很正常的。觉得相关性大的，压力就大，这就来到了影响人压力的两大因素：相关性和能力感	吴社工	PPT 软球
	5月15日 9：08— 9：18	与压力握握手（了解自己的压力）	（1）社工请学生拿出纸和笔进行打分。 ①高考对我至关重要。从不重要到重要按0～10分打分。 ②面对高考，我感到十分困难。从不困难到困难，按0～10分打分。 （2）完成后，请学生在两个打分后面进行补充：×分，是因为…… （3）社工在学生进行书写时可以走动，了解学生书写的实际情况，做到心中有数。 （4）邀请1～2位学生进行分享。 （5）社工进行总结，并引导出：有压力时，人会产生的情绪	吴社工	板书
	5月15日 9：18— 9：33	学习积极、正面的自我暗示方法	（1）观察两幅图片，引导学生思考：为什么对同一幅图片从不同角度看会有不同的风景？鼓励学生在遇到困难时，尝试换个角度看问题。 （2）列出2个高考班学生常见的情境和困扰，进行解说和示范。 （3）列出1个高考班学生常见的情境和困扰，邀请现场的学生进行回应	吴社工	PPT
	5月15日 9：33— 9：38	短讲：考前10天如何进行合理安排	社工讲解高考班学生常见的困扰及安排，比如考前的学科复习安排、考试前一天的准备、考试前一天睡不着怎么办等	吴社工	

续表

阶段	时间	环节名称	具体内容	人员分工	物资
活动安排	5月15日 9：38— 9：40	总结	社工总结并留下联系方式和地点，鼓励有困扰的学生进行咨询	吴社工	
活动跟进	5月15日当天	参加者意见反馈表收集	由于时间关系，请班长在课后分发并收集参加者意见反馈表，提交给社工	吴社工	参加者意见反馈表
	5月下旬	总结报告	完成总结报告并依照社工机构相关程序存档	吴社工	总结报告

五、活动评估

序号	评估项	评估指标	评估方法
1	出席人数	不少于40人参加本次活动	现场观察
2	目标	（1）至少80％的参加者能够认识高考与自身的关系。 （2）至少80％的参加者能够认识并接纳压力带来的情绪。 （3）至少80％的参加者能够学会正面的自我暗示方法	查阅问卷
3	满意度	至少80％的组员对活动的时间安排、场地安排、工作人员态度及表现的满意度打分在4分及以上（满分5分）	查阅问卷
4	文档记录	文档记录及时、完整	检查文档资料

六、困难预估

序号	预计困难	解决方法
1	课堂时间比较短，无法提供足够的时间让学生有针对性地提出具体问题并由社工予以解答	活动结束后，留下社工的联系方式，有需要的学生可到社工处继续咨询
2	课室电脑设备无法使用	提前和班主任沟通，确认课室电脑可否使用。如果无法使用，则可以借用阶梯教室开展考前辅导；如果阶梯教室已有安排，则调整辅导内容或辅导时间

活动2 青春要酷不要毒——毒品预防教育活动

一、基本信息

活动名称：青春要酷不要毒——毒品预防教育活动

活动对象：职校学生

活动时间：2010年11月

活动地点：阶梯教室

活动人数：250人

负责社工：高社工，吴社工

人手编排：2名社工

二、背景

2022年，教育部办公厅印发《关于进一步做好中小学毒品预防教育工作的通知》。2003年，教育部办公厅印发《中小学生毒品预防专题教育大纲》，对中小学生进行毒品预防专题教育，主要让他们初步了解毒品的种类，清楚毒品对个人、家庭和社会的危害，懂得一些自我保护的方法，养成健康的生活方式。

中小学生正处于身心发育的重要阶段，他们单纯、天真，好奇心强，求知欲旺盛，敢于实践。然而，他们涉世不深，加之受心理年龄特点的制约，他们辨别是非能力、自我防范能力、自控能力、抗拒诱惑能力不强，好冲动、爱冒险，容易受不良行为习惯侵蚀。对毒品的无知、好奇，是许多青少年走上吸毒道路的重要原因之一。因此，发挥学校教育的优势，防患于未然，认识毒品的危害，预防吸食毒品，必须从青少年抓起，在青少年中大力倡导健康、向上的生活方式，让青少年远离毒品。

IMBR模式可用于青少年危险行为预防，对解决青少年的适应问题具有一定的借鉴作用。该活动可使在校青少年群体正确认识毒品，增强其甄别能力。在充分了解的基础上，提升在校青少年群体拒绝毒品的动机，并讲授和练习拒绝毒品的技巧，让其明白在实际的压力情境中如何有效拒绝毒品。

三、目的与目标

（一）目的

加强服务对象对毒品的认识，增强对毒品的识别能力，树立对毒品的预防意识及远离毒品的坚定信念。

（二）目标

（1）服务对象了解毒品的分类与名称。

（2）服务对象意识到毒品的危害性。

（3）服务对象学会拒绝毒品的方法。

四、活动安排

阶段	时间	环节名称	具体内容	人员分工	物资
前期准备	11月上旬	活动统筹	（1）计划书撰写、修改。 （2）与校方、班主任沟通、协调、合作。 （3）确定参加活动的学生、活动场地及活动时间。 （4）与校方联系好场地，确认投影仪、电脑、话筒、音响等设备是否具备、是否良好以及如何操作。 （5）讲座前半个小时以内，确定座位安排有序、电脑正常运行、话筒音质清晰等事项。 （6）若教室及设备临时有变，则及时联系老师更换教室，并指导服务对象更换教室。 （7）筹备所需物资	吴社工 高社工	
		计划书撰写	计划书撰写、修改	高社工	
	11月22日10：30以前	主持人提前到场准备	（1）核对物资。 （2）熟悉流程。 （3）考虑服务对象观看图片时的情绪	高社工	PPT 话筒 翻页笔 小礼品
	11月22日10：30以前	现场秩序维持	（1）安排各班级到达活动场地。 （2）有效安排学生座席及维持活动秩序	各班主任	
	11月22日10：30以前	照相（拍摄）	（1）确保相机到位。 （2）拍摄活动过程时，要求：相片或画面有宏观场景及主讲社工与学生的特写等	吴社工	相机

阶段	时间	环节名称	具体内容	人员分工	物资
前期准备	11月22日 10：30 以前	安排人员协助现场问答话筒传递	请班主任协助现场问答话筒传递	吴社工	话筒
活动安排	11月22日 10：30— 10：35	自我介绍	社工简介，内容简介，纪律要求	高社工	PPT 话筒 翻页笔
	11月22日 10：35— 10：40	"爱的鼓励"	欢迎学生出席，学习"爱的鼓励"掌声。 （1）规则：鼓掌后喊口号，顺序是连续鼓掌2下、连续鼓掌3下、连续鼓掌4下，最后喊"YEAH"（1、2，1、2、3，1、2、3、4，YEAH）。 （2）社工说明当"爱的鼓励"掌声出现时，表示要欣赏、肯定、表扬、鼓励他人或自己	高社工	
	11月22日 10：40— 10：45	导入故事《白老鼠的绝望》	（1）导入故事《白老鼠的绝望》：心理学上有一个实验，把白老鼠丢到水缸中。第一次白老鼠挣扎着往上爬，但失败了，弄得筋疲力尽后沉下去。把它捞起来，再重复相同步骤。到后来，白老鼠被丢到水缸时，它不再挣扎，任凭淹没，因为它知道自己永远爬不上去，它学会了"绝望"。 （2）思考：该故事说明什么？ （3）总结：这个故事的结局正是多数吸毒者的下场。吸毒的人，将被毒品控制，从而沉沦终身，一旦染上毒瘾，就像是用今天的时间透支明天的生命，是一种自杀行为	高社工	
	11月22日 10：45— 10：50	展示新闻报道	（1）社工："每天早晨，当你打开报纸，看到的是……" （2）播放PPT，展示新闻媒体关于青少年吸毒的报道。 （3）总结：其实毒品离我们的日常生活并不遥远，我们只有认识毒品、了解毒品的危害，才能准确、科学地预防毒品	高社工	PPT

续表

阶段	时间	环节名称	具体内容	人员分工	物资
活动安排	11月22日 10：50— 10：55	认识毒品	（1）毒品的定义：一般是指使人形成瘾癖的药物。 （2）这里的"药物"一词是个广义概念，主要指吸毒者滥用的鸦片、海洛因、冰毒等，还包括具有依赖性的天然植物、烟、酒和溶剂等，与医疗用药物是不同的概念	高社工	
	11月22日 10：55— 11：05	毒品种类讲解	（1）提问：一说到毒品，同学们会想到哪些毒品？ （2）毒品种类：在出示每一种毒品名称课件的同时，向学生介绍其特性	高社工 吴社工	互动话筒
	11月22日 11：05— 11：15	以滥用止咳水的危害为例，认识吸食精神类毒品的危害	（1）观看真实个案视频（播放视频）。 （2）观看图片。 （3）总结：人一旦染上毒品，则毒品时时刻刻都在吞噬人的健康，危害人的生命。 （4）提问：能不能废除止咳水？ （5）解答： ①这个药方已流传和使用了几百年。如果只考虑成瘾而废除止咳水，对绝大多数人不公平，也不负责任； ②以正当医疗用途为目的，而经医师处方或药师指导的情况下，适量使用特定的药物是可以的	高社工	互动话筒 视频
	11月22日 11：15— 11：25	互动：毒品的危害	（1）提问：说一说吸食毒品有什么危害。 （2）总结毒品的危害。 ①毒品毁人毁健康。 ②毒品令人倾家荡产、家破人亡。 ③吸毒导致堕落、犯罪。 ④吸毒危害社会，成为世界公害	高社工 吴社工	互动话筒 小礼品

阶段	时间	环节名称	具体内容	人员分工	物资
活动安排	11月22日 11：25— 11：35	识别"七大毒招"	过渡语：既然我们已经知道吸食毒品有很大的危害了，那么我们如何向毒品说"不"？ "精明眼"识破"七大毒招"。 毒招一：谎称"吸毒不会上瘾，对身体危害不大"。 毒招二：免费尝试。 毒招三：谎称"吸毒治病"。 毒招四：利用爱美之心，编造"吸毒减肥"谎话（播放视频）。 毒招五：谎称"吸毒解闷提神"。 毒招六：谎称"吸毒解千愁"。 毒招七：在KTV、网吧、游戏厅等地方，毒贩或居心不良的熟人（男女都有可能）将毒品偷偷放至饮料、香烟中	高社工	视频
	11月22日 11：35— 11：45	拒绝毒品技巧	过渡语：我们已经知道毒贩常用的"七大毒招"了，那么我们应该如何拒绝毒品？相关调查报告显示，吸毒大多是因为好奇心驱使、朋友劝诱、心理依赖、寻求刺激及生活中的负面影响、压力等所致。为了使人远离毒品危害，针对上述诱因，特提供以下几点向毒品说"不"的方法。 （1）预防六招。 第一招：生活作息正常。 第二招：绝对不因好奇而去试用毒品。 第三招：掌握正确的情绪纾解方法。 第四招：不靠药物提神与减肥。 第五招：远离是非场所（播放视频）。 第六招：不接受陌生人的饮料、香烟	高社工	视频

续表

阶段	时间	环节名称	具体内容	人员分工	物资
活动安排	11月22日 11：35— 11：45	拒绝毒品技巧	（2）拒绝毒品的方法（播放视频）。 一招：勇敢说不，直接拒绝。 二式：找借口溜走。 三法：转移话题。 四告诉：当有人逼你吸毒并威胁你时，要第一时间告诉你信任的人。 五报案：秘密报案（偷偷让你信任的人报案或自己拨打报警电话）。 （3）拒绝毒品要说七个"不"。 一不拿陌生人给的赠品，如饮料、香烟等。 二不随便帮不认识的人带行李。 三不信鼓吹吸毒可以提神、有助于提高成绩的谎话。 四不给面子，不讲所谓兄弟感情。 五不对女孩子标榜吸毒可以减肥，诱其吸毒。 六不被朋友利用，说带运毒品可以得好多金钱。 七不追求享受与刺激，不盲目尝试"新潮"的东西。 （4）参与正常休闲活动，远离毒品	高社工	视频
	11月22日 11：45— 11：47	活动总结	总结：你的"拒绝"很重要！青春要酷不要毒……让我们向毒品说"不"	高社工	
	11月22日 11：47— 11：50	合影	拍照合影	吴社工	相机
活动跟进	11月23日	调查问卷发放	（1）准备调查问卷。 （2）发放调查问卷	各班主任 吴社工 高社工	调查问卷250份
	11月27日	回收调查问卷	回收调查问卷	吴社工	

五、活动评估

序号	评估项	评估指标	评估方法
1	出席率	出席率不低于80%	现场观察
2	目标	至少80%的参加者能说出不少于3种毒品。 至少80%的参加者学会识别不少于3种关于毒品的错误观念。 至少80%的参加者学会不少于3种拒绝毒品的方法	查阅问卷
3	满意度	至少80%的组员对小组的时间安排、场地安排、工作人员态度及表现的满意度打分在4分及以上（满分5分）	查阅问卷
4	文档记录	文档记录及时、完整	检查文档资料

六、困难预估

序号	预计困难	解决方法
1	本次活动共有5个班级预计250人参加，现场就座秩序容易乱	提前做好位置划分并告知班主任，邀请学生干部协助做好现场引导
2	设备故障	提前2天确认设备并调试PPT、话筒，活动当天提前1小时再次开启设备确认。如果因设备故障导致无法开展活动，而学校无备用教室，则需要通知德育主任活动改期

第三节　青少年领域实务要点

青少年时期是一个充满变化的时期，青少年社会工作必须充分尊重青少年的特点，从人与环境互动的视角多层面开展工作，最终促进青少年的健康成长。

一、青少年的特点

青少年在生理、心理方面不断成长，个人心态及社会关系不断发生变化，在自我探索、自我认同、人际关系、家庭及社会角色变化和适应方面需求较多。多变、创新、叛逆是青少年时期较重要的特点。

二、常用理论及干预方法

常用理论：主要包括认知行为理论、社会学习理论、自我同一性理论、优势视角理论等。

干预方法：主要包括理性情绪疗法、艺术治疗、自然疗法、团体辅导。

三、案例评析

本章精选了1个青少年小组案例及2个活动案例。

EPS领袖生小组——高中社团领袖能力提升小组：学生社团是青少年在校内很喜欢的团体，小组设计结合社团的事务展开，令服务对象学习到分工、合作、表达意见的重要特质，达致服务对象能力的提升。

且行且歌高考路——考前辅导减压活动：该活动是在高考冲刺阶段开展的，从认识压力与自身的关系开始，到了解压力的具体情绪表现，尝试运用正向自我暗示进行压力调节。最后结合高考冲刺阶段服务对象的常见困惑进行答疑，帮助服务对象更好地面对高考。

青春要酷不要毒——毒品预防教育活动：社工开展的毒品预防教育活动有别于传统的毒品预防教育活动。除了说明毒品的定义、种类、危害外，社工聚焦于如何识破"毒招"及如何在实际情境下拒绝熟人的劝诱。

四、设计要点

在具体的服务设计中，可以遵循因人制宜、因地制宜、因时制宜的原则。

（一）因人制宜

青少年阶段是发展自我认知的重要阶段，也是个人人生观、价值观形成的重要阶段。设计活动时，除了知识性的内容外，可以增加关于自我探索和思考的内容。比如"且行且歌高考路——考前辅导减压活动"中会设置相关环节让服务对象对自我进行思考，社工在内容设计及做出回应时，应做到以正面激励为主。

（二）因地制宜

服务设计应根据实际环境条件展开。比如在校园内常用的场地是课室、阶梯教室等，社工在学校的服务往往是针对以班级为单位的学生群体来展开，活动场地是课室，这对社工的课堂掌控力是很大的挑战；如果场地在室外，则需要对场地的安全性、突发情况做好充分的预估和准备。

（三）因时制宜

服务设计要在限定时间内达到服务目标，就需要社工梳理出服务内容的重点及要点，方便在开展服务时根据实际情况进行调整。比如在校园内开展服务，一节课的时长通常是40分钟，服务往往会安排1~2节课的时间。服务设计要遵循已有的时间安排，做到按时开始、按时结束。如果总是时间不够，则说明服务设计需要重新调整。

在进行青少年服务设计时，社工应明白发展自我认同是青少年时期的重要任务，因此，在青少年领域的服务开展中，常常有"明线"和"暗线"。"明线"就是大家可以一眼看到的主题，比如青春期教育、某种能力和技巧的提升。"暗线"是及时对青少年正向行为予以肯定及认同，给予他们更多发挥才能的空间，这也是青少年服务的核心。

五、关键词总结

（一）朋辈影响

在服务中注重朋辈的力量及影响。

（二）及时欣赏

多发现好的行为，及时给予欣赏。

（三）多元视角

给予青少年多一些引导，让他们多元地看待事物。

（四）创造机会

多创造一些机会，让每个青少年都有机会发挥自己的才能。

六、思考题

（1）思考结合青少年的特点，设计服务时需要注意些什么。
（2）参考范例，设计一个针对青少年人际交往主题的活动。

第三章

妇女领域服务方案

第一节　小组方案范例

小组　同心圆——女性支持小组

一、基本信息

小组名称：同心圆——女性支持小组

小组对象：遭遇家庭暴力、希望恢复家庭功能和满足情绪及人际关系需要的女性

小组人数：6人

小组时间：2019年7—8月

小组地点：妇女儿童活动中心

小组性质：治疗性小组

小组节数：共6小节

负责社工：刘社工，邢社工

人手编排：主带社工2名，协助社工1名

二、背景

据全国妇联统计，截至2019年底，全国2.7亿个家庭中，有30％的已婚妇女曾遭受家暴。

家庭暴力不仅会给家庭成员带来难以预估的身体伤害，更会造成严重的心理创伤，甚至导致不可挽回的后果。由于社会支持体系尚不完善，许多受暴者即便脱离了受暴环境，仍要面对生活安置、子女养育、自我成长及持续自我保护等诸多难题。而大多数受暴女性由于长期遭遇暴力，对自我评价出现贬低或错误情况，也缺乏走出困境的支持力量。

基于上述家庭问题现状、受暴者面临的困境，本小组期望为遭受家庭暴力的女性提供互助支持。

三、理论架构

认知行为理论认为，人们的外在行为不受内在心理过程的影响，除了一些天生的反射行为，人们的大多数行为都是通过学习获得的。人可以学习新的行为、改变旧的行为。人的不适宜的行为产生于错误的知觉和解释，所以，要改变人的行为，就要首先改

变人的认知。

因此，本方案通过小组互动帮助组员建立互动网络，在安全环境中建立信任关系。在小组中设计生命地图、自画像等环节，引导组员思考家暴根源，解除责任内化、自我贬低等归因。正念体验、游戏体验、报警技巧、成功经验分享环节又是很好的刷新认知、调整行为的路径，让组员认识新朋友、认识自我、挖掘潜在力量和信心，互助支持，突破困境。

四、目的与目标

（一）目的

调整妇女心态，使其合理释放负面情绪，缓解精神压力，增强自尊自信，增进社会支持网络。

（二）目标

（1）至少80％的组员在小组中合理释放负面情绪。

（2）至少80％的组员在小组中认识家庭暴力，破除对家庭暴力的错误认知，克服内在障碍。

（3）至少80％的组员得到支持，结识新朋友。

五、小节安排

节序	日期/时间	主题/目标	人员分工
1	7月25日 15：00—16：40	主题：说出你的故事。 目标：介绍小组的目标和内容；组员自我介绍，互相认识；订立小组契约	主持：刘社工 邢社工 协助：岑社工
2	8月1日 15：00—16：40	主题：抉择——我的生命地图1。 目标：审视生命历程，促进自我了解和相互了解；示范正念行走；感受到来自其他组员的支持	主持：刘社工 邢社工 协助：岑社工
3	8月8日 15：00—16：40	主题：抉择——我的生命地图2。 目标：通过生命地图审视生命历程，促进自我了解和相互了解；组员感受到来自小组的支持	主持：刘社工 邢社工 协助：岑社工
4	8月15日 15：00—16：40	主题：觉察——我经历了什么。 目标：觉察自己的情绪，理解并学会合理释放情绪；学会安顿自己的情绪，放松自己；总结求助方法和技巧	主持：刘社工 邢社工 协助：岑社工

节序	日期/时间	主题/目标	人员分工
5	8月22日 15：00— 16：40	主题：信心——我有能力改变。 目标：使组员更相信自己有能力做出改变；使组员掌握求助警察的技巧	主持：刘社工 邢社工 协助：岑社工
6	8月29日 15：00— 16：40	主题：回顾·告别。 目标：总结回顾小组历程；使组员看到自己的改变和改变的可能性	主持：刘社工 邢社工 协助：岑社工

六、小组评估

序号	评估项	评估指标	评估方法
1	出席人数	不少于5人	查阅签到表
2	目标	（1）至少80％的组员在小组中释放负面情绪。 （2）至少80％的组员在小组中认识家庭暴力，破除对家庭暴力的错误认知，克服内在障碍。 （3）至少80％的组员得到支持，结识新朋友	口头反馈 观察 访谈
3	满意度	至少80％的参加者对活动内容及形式安排、工作人员表现等表示满意或非常满意	个别访谈 口头反馈
4	文档记录	文档记录及时、完整	检查文档资料

七、困难预估

序号	预计困难	解决方法
1	招募不到足够的参加者	（1）主动电话联系服务过的案主或正在服务中的服务对象。 （2）根据邀约对象的情况，必要时可以统一将时间调整到周末
2	组员由于缺乏安全感而不愿意分享或冷场	（1）招募组员时可优先考虑曾经接受过社工个案服务的服务对象，因为社工已与其建立基本的信任关系。 （2）在活动开始时先进行一些热身活动，营造良好氛围。 （3）通过小组内较活跃组员带动小组活动顺利进行。 （4）社工通过鼓励性、支持性语言消除组员顾虑，促进小组活动顺利进行
3	组员兴趣不高，难以使其每次都参与	做好组员筛选，制定小组契约

续表

序号	预计困难	解决方法
4	每小节小组活动时间有限，小组活动内容无法保持完整	要求组员准时参与小组活动，程序环节等把握好时间，要有备选方案
5	少数组员过分热情，影响其他组员的发言积极性	社工要合理分配时间，保证每个组员都有时间表达自己的想法，必要时可重申小组纪律
6	在分享生命故事和受暴经历时组员出现情绪失控的情况	（1）正视并接纳组员合理的情绪发泄，及时介入与安抚，积极倾听，鼓励其他组员给予拥抱支持。 （2）如失控情绪有蔓延趋势，社工可暂停小组活动，邀请协助社工或观察员带离情绪失控组员，并隔离潜在危险，移走尖锐易碎物品。 （3）社工引导组员进行深呼吸、肌肉放松，放轻音乐，调整现场气氛。复盘为何会情绪失控，组员今后可以怎么应对和处理类似情况。 （4）活动结束之后，社工单独进行失控组员的沟通安抚工作，考虑后续支持服务的安排或者资源连接

八、小组小节计划

第1小节　　　　　　说出你的故事

（一）目标

（1）介绍小组的目标和内容。

（2）组员自我介绍，互相认识。

（3）订立小组契约。

（二）流程

时间	环节名称/目的	内容	所需物资
10分钟	活动前准备：布置场地，核对分工情况	（1）布置场地：将椅子围成圈，也可以考虑等组员来了协助完成。 （2）核对物资	横幅 宽胶带 大白纸 白色及彩色A4纸 姓名牌 不同颜色卡纸 彩色笔1盒 签到表1份 签字笔2支

时间	环节名称/目的	内容	所需物资
10 分钟	签到	组员签到	签到表 签字笔
10 分钟	开场介绍及收集期望：介绍小组目的、内容及安排，了解组员的参与期望	（1）社工介绍活动目的与目标。 （2）社工介绍整场小组相关安排。 （3）收集组员对小组安排的想法。 （4）征求组员意见，并说明拍照的相关情况，告知相片使用上的处理安排	
5 分钟	暖场游戏：活跃气氛，打破沉默	（1）大风吹。组员围成一圈，每人站定或坐定一个位置。主持人说"大风吹"，组员回应"吹什么"，主持人指出部分组员共有的物品或特征，如"吹穿红色衣服的人"。被吹到的组员互换位置，主持人加入占一个位置。最后没占到位置的组员接受小组奖励后，担任下一轮主持人。 （2）"小风吹"。当主持人说"小风吹"时，被指定特征的人保持不动，其他人互换位置，接下来的与"大风吹"相同	
15 分钟	自我介绍：相互认识、增进了解	（1）组员轮流做自我介绍："我叫×××，我喜欢大家叫我××（昵称），我名字的来历是……我的家乡是……我是××年来到这座城市的。"介绍完毕，其他组员望着她，对她说："××你好！" （2）进行"音乐传花"，第一位组员自我介绍完毕，直接将花传给她邀请的那位组员…… （3）工作人员给组员发卡纸，并邀请每位组员写下昵称，完成个人的姓名牌	姓名牌7个 彩色笔1盒 花
30 分钟	说出你的故事：自我疗愈	引导组员讲出自己的经历及对小组的期待，请观察员注意记录组员每次叙述的不同	观察记录表

时间	环节名称/目的	内容	所需物资
10分钟	呼吸练习：缓解因讲述家暴而带来的压力	腹式呼吸是一种简单而有效的减压方法。 现在，请大家找一个舒适的位置坐下，背部挺直，但不要僵硬，双脚平放在地面上，双手轻轻地放在大腿上。闭上眼睛，让自己的身体和心灵都慢慢地安静下来。 我们开始腹式呼吸。首先，用鼻子慢慢地吸气。想象你正在走进一片美丽的花海，清新的花香随着空气一起被你吸入鼻腔，然后这股带着花香的空气顺着呼吸道向下，慢慢地充满你的腹部。你会发现，随着吸气，腹部就像一个柔软的气球，在逐渐地膨胀起来。这时候，你要用心去感受腹部的起伏，感受腹部肌肉的舒张。 当你感觉腹部已经吸满了空气，稍微停顿一下，感受这股空气在身体里的存在，就好像它在给你的身体做温柔的按摩。 然后，用嘴巴慢慢地呼气。想象你正在轻轻地吹灭一支蜡烛，将体内的浊气一点点地吹出去。随着呼气，腹部逐渐地收缩，就像气球里的气在慢慢放出。你能感觉到腹部的肌肉在有节奏地收紧，把体内的压力和负面情绪都随着这口气呼出去。 大家注意，在整个腹式呼吸的过程中，呼吸要均匀、缓慢、深沉。不要着急，也不要用力过猛。每一次吸气和呼气都要尽可能地充分，让身体充分吸收氧气，排出二氧化碳。 持续这样的呼吸几分钟，你会发现自己的心情逐渐平静下来，身体也变得更加放松。腹式呼吸就像是一把神奇的钥匙，能够打开我们身体和心灵的放松之门。在日常生活中，当你感到压力大、焦虑或者紧张的时候，都可以随时进行腹式呼吸，让自己重新找回平静和安宁	

时间	环节名称/目的	内容	所需物资
10分钟	"我们的约定"：制定小组契约	（1）带领组员回忆以上谈话过程的气氛、组员之间的聆听、互相回应等过程，以及对此的感受。找出令人满意或不满意的地方，表达期望。社工将其记录在"我们的约定"大白纸上，作为小组的规则。 （2）社工建议与期望：尊重其他组员；相互支持；小组的事情只在小组聊。 （3）征询组员是否能做到，了解其做不到的原因	"我们的约定"大白纸 大白板 白板笔
5分钟	总结：小组活动总结与分享	（1）每位组员以一句话总结小组活动内容，分享参与感受，社工引导组员以掌声鼓励。 （2）所有组员合影	
5分钟	微信建群	遵循自愿原则，强调微信使用安全	

第2小节　　　　抉择——我的生命地图1

（一）目标

（1）审视生命历程，促进自我了解和相互了解。

（2）示范正念行走。

（3）感受到来自其他组员的支持。

（二）流程

时间	环节名称/目的	内容	所需物资
10分钟	签到	组员签到，分发姓名牌	签到表 签字笔 姓名牌
10分钟	小组回顾：上小节活动内容回顾	（1）播放照片，引导组员回顾上小节小组活动的内容：自我介绍、我的故事、契约。 （2）介绍本次主题与内容	契约 姓名牌
10分钟	热身游戏：找相同	社工用"季节""水果""颜色"等关键词让组员寻找与自己喜好一样的人，并按照相同喜好进行分享，促进组员相互认识	

时间	环节名称/目的	内容	所需物资
10分钟	自画像	邀请组员在A4纸上画自己的像，并写上自己的昵称。在纸上写上对自己的评价。完成之后由社工收起来	A4纸6张 彩色笔3盒
10分钟	画生命地图	可以只画出重大节点，并讲述自己的选择，促进组员自我了解	大白纸6张 彩色笔3盒
30分钟	讲述生命历程，进行自我疗愈	两两一组，彼此讲述。大组分享时，也可只选3个人分享，可以分享对本环节的感受	
10分钟	正念行走	（1）站立准备。开始时，先花点时间进行站立状态下的准备。感受双脚接触地面的感觉，体会身体落于地面时的重力感。接着，关注周围空气接触身体的感受，比如是否感到空气在轻抚脸、手及其他外露部位。然后，专心聆听周围的各种声音。 （2）专注于行走过程。经过几分钟站立，当基本进入体验站立的状态后，睁开双眼，目光自然下垂落于身前一两米处，保持舒适。像艺术家那样观察周围视野中事物的颜色、质感和形状。随后开始行走，非常专心地抬起一只脚，专注于抬脚时脚、腿及身体其他部位的感受，慢慢地朝前移动这只脚，同样专注于移动时的各种感受。在抬脚、迈步、落脚过程中，以充满兴趣和好奇心的态度对待各种体验，仿佛自己是第一次开始行走。一直以这种缓慢而专注的方式走下去，直到到达路径的另一端。 （3）再次站立。到达后，停下片刻进行站立，再次体会静立的感受，专注于双脚触地、周围空气以及声音的感受。充分体验当下后，慢慢转过身，觉察伴随转身的一切感受，然后朝相反方向走回去	
10分钟	总结：小组活动总结与分享	（1）每位组员以一句话总结小组活动内容，分享参与感受，社工引导组员以掌声鼓励。 （2）所有组员合影	

| 第 3 小节 | | 抉择——我的生命地图2 | |

（一）目标

（1）通过生命地图审视生命历程，促进自我了解和相互了解。

（2）组员感受到来自小组的支持。

（二）流程

时间	环节名称/目的	内容	所需物资
10分钟	签到	组员签到，分发姓名牌	签到表 签字笔 姓名牌
10分钟	小组回顾：上小节活动内容回顾	（1）播放照片，引导组员回顾上小节小组活动的内容。 （2）介绍本次主题与内容	
20分钟	热身游戏：捕"鱼"达人	把所有人分为两队，一队人手拉手做"渔网"，另一队分散做"鱼"。5分钟内，在规定场地捕完"鱼"。5分钟后，两队交换。 社工给作为"鱼"的组员背后贴上关键词："勇敢""独立""自信""支持""自我保护""智慧"。 每被捕一次，"鱼"就要送出一张关键词给捕"鱼"组，换取自由，直到关键词用完	关键词卡片6张
40分钟	打破困境	（1）社工邀请组员分享游戏感受，并引入下一个话题。 （2）结合生命地图，社工邀请组员由当前的困境开始，引导组员审视自己的生命历程，认识到困境只是一时的，不是生命的全部。引导组员自我了解，了解是转变的开始。 （3）其他组员认真聆听并给予回应	
10分钟	正念行走	内容同上一小节	
10分钟	总结：小组活动总结与分享	（1）每位组员以一句话总结小组活动，分享参与感受，社工引导组员以掌声鼓励。 （2）所有组员合影	

第4小节 觉察——我经历了什么

（一）目标

（1）觉察自己的情绪，理解并学会合理释放情绪。

（2）学会安顿自己的情绪，放松自己。

（3）总结求助方法和技巧。

（二）流程

时间	环节名称/目的	内容	所需物资
10分钟	签到	组员签到，分发姓名牌	签到表 签字笔 姓名牌
10分钟	小组回顾：上小节活动内容回顾	（1）播放照片，引导组员回顾上小节小组活动的内容。 （2）介绍本次主题与内容	
10分钟	热身游戏：亲密接触	两人一组，从社工手中抽取写有身体各部位名称（如"背""手""小腿"等）的卡片。这两名成员需用卡片指定部位去挤爆气球，只能挤，不可戳或踩，违规则扣除2个气球。30秒内挤爆气球数量最多者获胜，每次挤爆一个气球得1分	卡片20张 气球100个
30分钟	我经历了什么：促进组员了解自我，引导组员关注自己的情绪	引导组员关注自己的情绪，学会释放、承接和安顿	
30分钟	如何求助：分享求助方法和经验	运用卡片法或头脑风暴法引导大家总结求助方法与技巧，尤其是过去成功的求助经验	
10分钟	总结：小组活动总结与分享	总结小组活动内容——"我经历了什么""遭遇家暴我是如何求助的"，强化认识及对求助技巧的了解	

第5小节　　　　　　　　信心——我有能力改变

（一）目标

（1）使组员更相信自己有能力做出改变。

（2）使组员掌握求助警察的技巧。

（二）流程

时间	环节名称/目的	内容	所需物资
10分钟	签到	组员签到，分发姓名牌	签到表 签字笔 姓名牌
10分钟	小组回顾：上小节活动内容回顾	（1）播放照片，引导组员回顾上小节小组活动的内容。 （2）介绍本次主题与内容	
10分钟	调动情绪	播放歌曲《淋雨一直走》《破茧》，邀请组员一起聆听和歌唱（突出欢快气氛和情绪安抚）	歌词7份
30分钟	过河游戏：重视过程和总结；重点突出克服困难的信心，强调互助合作的重要性	利用两个垫子进行游戏，组员站在垫子上通过交替前行过河，双脚不得触地，触地则需返回起点。 组员分成2组PK，全组接力，看哪组更快。 第一轮之后社工指导小组商议怎样可以使得完成时间减少，商议之后再进行第二轮。 社工进行引导和总结，引出互助合作等关键词	垫子
30分钟	分享求助警察的方式	两两一组练习拨打报警电话，分角色演示出警处置的情景。进行表达训练，巩固组员求助信心	
10分钟	总结：小组活动总结与分享	主题为信心与能力，促使组员看到自己的能力	

第6小节　　　　　　　　回顾·告别

（一）目标

（1）总结回顾小组历程。

（2）使组员看到自己的改变和改变的可能性。

（二）流程

时间	环节名称/目的	内容	所需物资
10分钟	签到	组员签到，分发姓名牌	签到表 签字笔 姓名牌
5分钟	小组回顾：上小节活动内容回顾	（1）播放照片，引导组员回顾上小节小组活动的内容。 （2）介绍本次主题与内容	
10分钟	放松：调动气氛	播放歌曲《淋雨一直走》《破茧》，邀请组员一起歌唱	
20分钟	回顾：巩固前几小节小组学习成果	回顾历程。 组员各自发言，谈整个活动心得、体会与收获。观察员及带领者进行总结（重心放在"改变"上）	
20分钟	匿名留言游戏：强化组员的正向改变	给组员每人一张A4纸，让组员画上自己的像，并写上自己的昵称，然后向旁边传递，直到回到自己手上。旁边的组员依次留下对画像上组员的正向评价。 社工发回组员第一次画的自己的像，引导组员进行思考，并鼓励组员之间相互分享看到的变化	6张A4张 3盒彩色笔
10分钟	视频留念：小组告别与留念	每人说一句话，将想说的写下来再拍。 注意秩序，强调保密原则	彩色卡纸 签字笔
5分钟	合影拍照：小组告别与留念	组员可以自由拍照与合照。注意秩序，强调保密原则	
5分钟	问题与澄清：回应组员关切的问题	明确后续的聚会、求助方式及合作等	
10分钟	总结：小组活动总结与分享	（1）每位组员以一句话总结小组活动内容，分享参与感受；每位组员总结完毕，其他组员给予掌声鼓励。 （2）宣告正式结束小组活动	
5分钟	工作人员总结与评估	（1）工作人员总结本小节活动情况。 （2）工作人员发放评估问卷，评估小组成效	观察记录表

第二节　活动方案范例

活动　和谐家园——社区反家暴宣传活动

一、基本信息

活动名称：和谐家园——社区反家暴宣传活动

活动对象：社区居民

活动时间：2018年11月

活动地点：X社区党群服务中心门口

活动人数：40人

负责社工：李社工

人手编排：3名社工，1名义工

二、背景

X社区超90％的居民聚居在城中村片区，辖区人口密度高达深圳市平均水平的6倍。在如此逼仄的居住环境下，居民面临着较大的工作与生活压力，且缺乏情绪宣泄的有效途径，导致社区内家庭暴力事件频发。同时，狭小的居住空间使得家暴事件迅速传播，社工在居民群中多次收到居民对邻居家暴行为的投诉。

深圳市鹏星家庭暴力防护中心（以下简称"鹏星反家暴机构"）长期专注于改善受家庭暴力影响人群的生存状况，致力于构建安全、高效且具有可持续性的支持体系，助力其摆脱困境，重新开启美好生活。2018年，鹏星反家暴机构与深圳市鹏星社会工作服务社携手合作，在深圳市20多个社区党群服务中心积极开展了反家暴宣传与调研工作。

在此背景下，鹏星反家暴机构计划开展2018年度社区反家暴宣传活动。社工将借鉴鹏星反家暴机构成熟的专业服务方法与宣传工具，紧密结合X社区实际特点精心设计活动内容。旨在让社区居民深入了解家庭暴力的定义、表现形式，以及在反家暴过程中个人可以采取的行动，着重提升社区居民的反家暴意识。

三、目的与目标

（一）目的

提升社区居民反家暴意识。

（二）目标

（1）至少80％的参加者了解到不少于2个关于家暴的知识点。

（2）至少80％的参加者愿意"从我做起，对家暴说'NO'"。

四、活动安排

阶段	时间	环节名称	具体内容	人员分工	物资
前期准备	11月20日	撰写计划	撰写活动计划，申请活动经费	李社工	
	11月21日—24日	活动筹备	制作横幅、宣传板，打印反家暴的相关材料并予以张贴	李社工梁义工	
	11月24日—25日	活动宣传	在社区群、宣传栏发布活动宣传与通知，招募义工	梁义工	
	11月25日9：00—10：00	场地布置	（1）按照场地分布图，统筹社工带领全体人员进行摊位划分和分工安排。（2）全体人员将所有分类整理的物资运到大门口，进行分工布置。（3）全部布置完毕，播放音乐以吸引人流。（4）社工用麦克风宣传活动内容	李社工钟社工向社工梁义工	音响麦克风桌子3张椅子4把展架3个展板1个条幅1条彩色笔问卷等
活动安排	11月25日10：00—10：05	活动开场	（1）统筹社工进行团队介绍，明确宣传活动的目的。（2）正式介绍本次宣传活动的内容和流程	李社工	音响麦克风
	11月25日10：05—11：00	幸福家庭作画区	供幼儿和小学生作画，作画的材料为反家暴宣传的明信片。社工会引导并告诉小朋友画的是什么，并且引导小朋友说明自己对美好家庭的渴望或祝福是什么	钟社工	2张桌子4把凳子明信片彩色笔

阶段	时间	环节名称	具体内容	人员分工	物资
	11月25日 10：05—11：00	家暴知识宣传区	摆放3个展架，展示关于家暴定义、形式、《反家庭暴力法》、家暴的处理方式以及情绪管理等一整套系统的知识点。社工主动邀请居民上前阅读或由社工主动讲给居民听，此处引导居民人数需达到40人及以上	李社工	展架
	11月25日 10：05—11：00	互动问答区	社工精选反家暴知识的问答题、判断题、选择题等不同题型，内容都是宣传区展架涉及的部分，通过转转盘等形式选出要作答的题目，答对可获得明信片一张	向社工	转盘 明信片
	11月25日 10：05—11：00	反家暴代言区	社工提前做好宣传展板，邀请社区居民大声宣读宣传板上的文字，与社工一起为反家暴代言和发声，愿意"从我做起，对家暴说'NO'"，并在反家暴宣传展板上签下姓名。此处引导居民人数需达到40人及以上	梁义工	签字笔 宣传展板
	11月25日 10：40—11：00	问卷填写区	义工引导居民填写反家暴调研问卷，邀请本次活动的参加者填写活动评估问卷	梁义工	问卷 签字笔
	11月25日 11：00—11：10	活动收场	活动结束，全体人员收拾场地，合影留念	全体人员	
活动跟进	11月25日	通讯稿	撰写通讯稿并发送给相关媒体	李社工	
	11月25日	整理照片	筛选活动照片并存档	梁义工	
	11月25日	活动评估报告	撰写活动评估报告	李社工	
	11月26日	存档	将活动相关资料打印并存档	李社工	

五、活动评估

序号	评估项	评估指标	评估方法
1	出席率	不低于80%	签到表
2	目标	（1）至少80%的参加者了解到不少于2个关于家暴的知识点，可以在问卷上答对。 （2）至少80%的参加者愿意"从我做起，对家暴说'No'"并在签名墙上写下姓名	调查问卷
3	满意度	出席人员对活动满意度平均分在4分及以上（满分5分）	调查问卷
4	文档记录	文档记录及时、完整	查阅报告

六、困难预估

预计困难	解决方法
新场地参与人数较少	（1）提前在群里反复宣传。 （2）邀请"四点半学校"的小朋友当天出席，发放宣传单。 （3）将活动告知工作站，看是否有需要合作，或将宣传单张贴在宣传公告栏

七、附件

附件		互动问答区	

题型	序号	实例	答案
问答题	1	请简要说出家庭暴力可能包含哪几种常见形式	身体暴力（如殴打、推搡等）、精神暴力（如辱骂、威胁、冷暴力等）、性暴力和经济控制（限制另一方经济支出等）
	2	如果发现邻居家可能存在家庭暴力情况，我们可以做些什么	可以先尝试了解情况，在确保自身安全的前提下进行劝阻；如果情况严重，则及时拨打报警电话；也可以联系社区工作人员或者相关反家暴机构
	3	遭受家庭暴力的人可以向哪些机构寻求帮助	可以向公安机关、社区居民委员会、村民委员会、反家暴社会组织等寻求帮助

题型	序号	实例	答案
问答题	4	家庭中一方长期对另一方进行言语辱骂，让对方精神受到伤害，这算家庭暴力吗？为什么	算。 因为家庭暴力不仅包括身体暴力，精神暴力也是其重要组成部分，长期言语辱骂使对方精神受伤害属于精神暴力范畴
判断题	1	家庭暴力只包括身体上的伤害，不包括精神方面的伤害	错。 因为家庭暴力包括身体暴力、精神暴力、性暴力和经济控制等多种形式，精神伤害也是家庭暴力的一种
	2	孩子不服从家长管教，家长偶尔打孩子几巴掌不属于家庭暴力	错。 即使是偶尔的打骂孩子行为，也可能对孩子身体和心理造成伤害，属于家庭暴力的表现
	3	遭受家庭暴力后，为了家庭和睦，应该选择默默忍受	错。 默默忍受只会让施暴者更加肆无忌惮，遭受家暴者应勇敢站出来，寻求帮助和保护
	4	只有女性才会成为家庭暴力的受害者	错。 男性、儿童、老人等都可能会成为家庭暴力的受害者
选择题	1	以下行为不属于家庭暴力的是（　　）。 A. 丈夫殴打妻子 B. 父母限制孩子零花钱 C. 妻子长期辱骂丈夫 D. 父亲打骂女儿	选 B。 限制孩子零花钱一般不属于家庭暴力的典型表现。A 选项属于身体暴力，C 选项属于精神暴力，D 选项属于身体暴力和精神暴力
	2	发现家庭暴力行为，我们首先应该（　　）。 A. 拍照发朋友圈 B. 直接冲上去制止 C. 确保自身安全并了解情况 D. 当作没看见	选 C。 首先要保证自身安全，再进一步了解情况并做出处理。A 选项不恰当，B 选项可能使自身陷入危险，D 选项属于冷漠、不作为
	3	遭受家庭暴力后，最不应该做的是（　　）。 A. 报警 B. 找朋友倾诉 C. 以暴制暴 D. 向妇联求助	选 C。 以暴制暴会使问题更加严重，甚至可能导致违法犯罪。A、B、D 都是合理的求助途径

续表

题型	序号	实例	答案
选择题	4	下列属于反家庭暴力的有效措施是（　）。 A. 社区开展反家暴宣传活动 B. 对施暴者进行批评教育 C. 为受害者提供庇护场所 D. 以上都是	选D。 社区宣传能提高居民反家暴意识，对施暴者批评教育可起到一定警示作用，为受害者提供庇护场所能保障其安全，都是反家庭暴力的有效措施

第三节　妇女领域实务要点

在我国，妇女社会工作的主要内容包括妇女家庭和婚姻支持、反家暴干预、妇女生殖健康服务、妇女就业、妇女权益维护等。

朱东武在《社会工作概论》中提到，所谓妇女社会工作，就是针对妇女在成长和发展过程中，在参与政治、经济、文化和家庭生活中遭遇到的群体性或个体性问题而开展的社会服务性工作。它的最终目的是促进妇女的全面发展及为妇女的全面发展创造有利的社会条件和社会环境。

一、妇女社会工作相关议题

微观层面，妇女社会工作关注女性个体或群体的困难解决、个人发展、挖掘潜能和提升能力等方面。

宏观层面，妇女社会工作可以在社区及社会环境中倡导男女平等、维护妇女合法权益，促进妇女在政治、经济、文化等各种社会领域中的全面参与，并通过参与有关妇女政策的制定来为妇女争取更多的权利和发展机会。

与妇女密切相关的特别议题包括亲子关系、家庭暴力、全职妈妈、产后抑郁、单亲妈妈等。

二、常用理论及干预方法

常用理论：主要包括社会性别理论、优势视角理论、社会支持理论、标签理论、社会学习理论、马斯洛需求层次理论。

干预方法：主要包括家庭治疗、音乐治疗、叙事治疗、园艺治疗、沙盘治疗以及其他艺术类治疗。

三、案例评析

本章精选了1个妇女小组案例及1个活动案例。

同心圆——女性支持小组：运用小组的方式，将遭受家暴的女性聚在一起。在建立安全专业关系的基础上，社工一方面引导组员释放因家暴经历而积累的负面情绪，通过游戏让受暴者在轻松愉悦的氛围中获得快乐、成就、合作、勇敢等正向体验，帮助其找到对自我的新定义，发掘自身潜在的能量，重新找回生活的信心与力量；另一方面促进组员之间的交流与互动，帮助其建立起深厚的联结，形成相互支持的网络。除此之外，社工带领组员分享被家暴的经历，梳理并提供新视角新见解，改变组员对家暴的传统认知，理清亲密关系的边界意识，并组织组员分享成功的自我保护经验，共同练习应对家暴技巧。最终通过组员间的相互支持，使其走出情绪阴霾，实现自我增能，以更加积极的姿态面对未来的生活。

和谐家园——社区反家暴宣传活动：根据深圳市鹏星家庭暴力防护中心成熟的专业服务方法与宣传工具，结合X社区的特点，让社区居民了解更多关于家暴的定义、形式以及反家暴的过程中每个人可以做什么，提升社区居民的反家暴意识。宣传类活动在设计上主打多元选择、全面覆盖，做好宣传内容的选择和互动参与设计工作，在宣传现场通过看、讲、考、写、画、玩等组合形式，全方位吸引社区居民参与和关注，普及和强化反家暴知识和意识。

四、设计要点

（一）视角方面

关注女性的多样性，认识到不同女性群体的需求和问题存在差异，尊重女性的声音和经验，理解并接纳女性的现实处境。

（二）安全问题

针对一些特殊处境的女性群体活动，在环境选择、内容设计、道具选择等方面都需要特别留意安全因素。

（三）时间控制

女性在家庭和社区中承担的角色较多，在活动设计中要注意时间安排。

（四）活动带领

女性相对而言主动性较强，尤其是年轻女性群体。社工在活动过程中应注意主导权的收放。

五、关键词总结

（一）性别视角

需要以性别视角看待女性面临的问题，承认差别、尊重差别。同时也要开放、多元、包容地思考和分析问题，从不同角度和立场看待女性在日常生活中遇到的问题，分析差别背后的原因及产生差别的语境。

（二）文化敏感

要了解不同地区的文化风俗对于女性的定义、期待以及对女性权利、义务的解释。

（三）优势视角

以积极的态度看待女性的能力与贡献，养成能发现女性能力优势的眼睛。

六、思考题

（1）思考妇女小组的设计与活动有什么相同和不同的地方。

（2）参考范例，设计一个针对全职家庭主妇亲密关系的社区活动。

第四章

家庭领域服务方案

第一节 小组方案范例

小组 伴童共成长——亲子情绪管理平行小组

一、基本信息

小组名称：伴童共成长——亲子情绪管理平行小组

小组对象：社区亲子家庭（学龄前）

小组人数：8对亲子

小组时间：2018年10—11月

小组地点：社区中心多功能室

小组性质：教育性小组

小组节数：共5小节

负责社工：刘社工，詹社工

人手编排：主带社工一名，协助社工一名

二、背景

深圳鹏星2018年的调查问卷显示，42%的社区居民有亲子阅读需求，但很多家长表示并不了解如何开展亲子阅读，尤其幼儿园开展亲子阅读时很多时候并不清楚怎样正确带领孩子读绘本。

研究指出，3~6岁孩子的社会情感正快速发展，但尚未完善，处于情绪识别与管理的初级阶段，情绪控制能力较弱，特别容易出现各种负面情绪。在此阶段培养他们良好的情绪管理能力，对其健康人格和情感素养的形成具有重要意义。但社工在调研及日常走访中发现，很多家长在育儿过程中面对孩子负面情绪时往往手足无措，也为之头痛。既不理解孩子情绪背后的原因，应对方式也简单粗暴，不利于幼儿成长，且影响了亲子关系。同时，很多家长反馈自己的孩子原本情绪很稳定，家长生了二胎之后，孩子就负面情绪不断，家长也是很无奈，希望能有方法解决这种情况下的幼儿情绪问题。

基于社区环境和家庭需求，社工计划将父母讲授学龄前幼儿绘本阅读的需求和情绪管理的需求进行结合，开展亲子情绪管理平行小组，将亲子分为两个相对独立又相互关联的小组，分别开展针对幼儿和家长的活动。在引入活动以及共读绘本期间，社工充当着专业的引导者角色，通过示范和讲解，帮助家长掌握科学的陪伴阅读技巧，使家长能够更好地引导孩子理解绘本内容、感受情感表达，帮助家长学习情绪管理知识与引导技巧，以及增加对多子女的负面情绪的认识与理解。同一时间，由另一名社工带领幼儿通过绘本阅读和绘本同主题游戏体验理解情绪知识，学会表达情绪，理解手足（指兄弟姐妹）关系。在完成两个独立小组活动后，再开展联合小组活动，社工引导亲子间互动分享及绘本共读，为亲子创造互动沟通的练习机会，给家长关注与观察幼儿的实践机会，提升亲子双方的情绪认知、识别、表达和管理能力，增进亲子间的良性沟通，强化亲子关系。

三、理论架构

家庭系统理论认为，家庭是一个具有整体性、互动性和动态性的系统，亲子次系统是家庭系统的重要组成部分，亲子间的互动模式和情感交流深刻影响着彼此的发展。在亲子次系统中，父母的管教方式如同孩子成长的"模板"，孩子会不自觉地模仿父母的行为模式，父母的情绪状态也如同"情绪气候"，直接影响着孩子的情绪体验和表达。与此同时，孩子的情绪反应也会形成一种反馈机制，反作用于父母，很多时候父母的行为和情绪容易被孩子的情绪所牵引和控制。这种相互影响的关系表明，亲子双方是一个紧密相连的整体，都需要在相互学习和实践中实现共同成长。

从绘本及游戏相关研究理论来看，绘本是文字与图画的结合，具有直观性、趣味性和教育性，不仅能激发幼儿的好奇心和想象力，培养他们的阅读能力和审美意识，更是一个充满互动性和教育性的游戏载体。通过阅读和绘本讨论，幼儿可以更好地理解和管理自己的情绪，从而在家庭系统中实现更健康、和谐的互动，同时促进其在知识、技能、情感、社会性等方面的全面发展。

四、目的与目标

（一）目的

通过小组活动，让组员掌握情绪管理的知识及亲子沟通与互动的技巧。

（二）目标

（1）至少80%的家长通过小组了解运用绘本陪伴孩子的方法。

（2）至少80%的家长通过小组理解个人情绪管理的重要性。

（3）至少80%的孩子通过小组理解情绪管理的重要性。

（4）至少80%的家长通过小组对亲子沟通方面的知识有所增加。

五、小节安排

节序	日期/时间	主题/目标	人员分工
1	2018年10月14日 9：00—10：30	主题：小情绪我懂你。 目标：介绍小组活动的目标和内容；订立小组契约；让组员认识与理解开心、伤心、生气、害怕等小情绪	主持：刘社工 协助：詹社工
2	2018年10月21日 9：00—10：30	主题："负面情绪"，我拿你怎么办。 目标：家长了解疏导孩子的负面情绪的方法；孩子了解合理表达负面情绪的方法	主持：刘社工 协助：詹社工
3	2018年10月28日 9：00—10：30	主题：宣泄情绪的小天地。 目标：家长认识到孩子情绪不好的时候需要宣泄空间；孩子明白负面情绪是可以合理宣泄的	主持：刘社工 协助：詹社工
4	2018年11月4日 9：00—10：30	主题：多子女的喜怒哀乐 目标：家长认识到如何平衡多子女的关系，减少亲子手足的负面情绪	主持：刘社工 协助：詹社工
5	2018年11月11日 9：00—10：30	主题：多听孩子的心里话。 目标：孩子能表达自己的情绪与想法，家长能认真聆听	主持：刘社工 协助：詹社工

六、小组评估

序号	评估项	评估指标	评估方法
1	出席人数	至少6对亲子	签到表
2	目标	（1）至少80%的参与家长通过小组了解到绘本这种陪伴孩子的方法。 （2）至少80%的家长通过小组对个人情绪管理重要性的了解有所增加。 （3）至少80%的幼儿通过小组对情绪管理重要性的了解有所增加。 （4）至少80%的家长通过小组对亲子沟通技巧的知识有所增加	组员口头反馈 观察 访谈
3	满意度	80%的参加者对活动内容及形式安排、工作人员表现等表示满意或非常满意	个别访谈 口头反馈
4	文档记录	文档记录及时、完整	检查文档资料

七、困难预估

序号	预计困难	解决方法
1	天气原因	如遇暴雨或恶劣天气，则发布通知改变活动日期
2	平行分组时人手不足	提前和团队同事进行沟通，每周五邀请一位同事协助幼儿组的活动开展及拍照工作

八、小组小节计划

第1小节　　　　　　　　　　　　小情绪我懂你

（一）目标

（1）介绍小组活动的目标和内容。

（2）订立小组契约。

（3）让组员认识与理解开心、伤心、生气、害怕等小情绪。

（二）流程

时间	环节名称/目的	内容	所需物资
5分钟	签到：确定到场人员	社工组织活动参加者有序签到，引导组员在指定区域坐好并清点人数	签到表1张 签字笔1支
5分钟	姓名贴	签到完成之后，邀请组员按照模版完成姓名贴，并贴在衣服上	小卡纸20张 彩色笔1盒 姓名贴20个
5分钟	活动介绍：让组员对此次活动有整体的了解	（1）社工先做自我介绍，然后让组员做自我介绍。 （2）向组员介绍本次小组活动的整体流程与注意事项，制定小组契约。 （3）后续表述中，对家长以大组员表示，对幼儿以小组员表示	
5分钟	"宝宝在哪里"游戏：热身以及话题引导	（1）请小组员手拉手围成圆圈，相应的大组员蒙上眼睛站在圈内，播放歌曲，小组员手拉手边唱歌边绕着大组员转。唱完歌曲立定，然后请大组员去寻找自己的小组员。之后交换体验一次。 （2）游戏结束后，社工向组员讲解小组活动的目标	儿童音乐： 《找朋友》《小蝌蚪找妈妈》

时间	环节名称/目的	内容	所需物资
5分钟	契约制定	（1）带领组员制定契约，引导组员表达，在遵守时间、及时请假、相互尊重、分享保密、学会倾听、举手发言等契约的基础上进行补充完善，并邀请组员在第1小节结束后签字确认，不会写字的小组员可以画符号代替。 （2）分组说明：告知后续40分钟为分组时间，并由社工两人带大小组员前往不同区域进行后续环节。 （3）社工利用PK方式让大小组员迅速完成分组集合安排	大白纸1张 彩色笔1盒 胶带1卷
35分钟	分组活动——小组员组： （1）表情猜猜猜（5分钟）； （2）前测及绘本阅读（25分钟）； （3）小分享（5分钟）； （4）配对游戏（5分钟）	（1）社工展示不同情绪的表情卡片，让小组员猜出对应的情绪，激发小组员对情绪的兴趣。 （2）引入情绪基础知识，通过前测了解小组员对绘本、情绪知识的认知情况。 （3）带读《我的情绪小怪兽》绘本。 （4）带小组员分享对各种颜色和情绪的理解，鼓励小组员用语言表达情绪。 （5）颜色情绪配对游戏：准备故事中相关颜色与情绪卡纸，邀请小组员随机选择一张之后，进行匹配。通过游戏加深小组员对情绪的理解	表情卡片10张 《我的情绪小怪兽》绘本 情绪颜色卡片10张
	分组活动——大组员组： （1）表情说一说（5分钟）； （2）前测及绘本阅读指导（20分钟）； （3）小分享（10分钟）； （4）情绪知识要点（5分钟）	（1）社工展示不同情绪的表情卡片，让大组员用不同的词语描述情绪，测试大组员对情绪的理解情况。 （2）引入情绪基础知识，通过前测了解大组员对绘本、情绪知识的认知情况。 （3）讲解如何运用《我的情绪小怪兽》绘本帮助小组员认识、理解情绪。 （4）组内分享与讨论自身经验。 （5）社工分享幼儿情绪发展的特点和要点	表情卡片10张 大白纸1张 彩色笔一盒 电脑 投影仪 《我的情绪小怪兽》绘本
20分钟	平行小组交流环节	大小组员集合，邀请小组员选择一张颜色卡片表达当下的情绪，大组员给予回应和鼓励，增进亲子间对情绪的理解	对应绘本的颜色卡片（每个颜色备用一份）

续表

时间	环节名称/目的	内容	所需物资
10分钟	家庭作业	（1）总结本小节内容，简单介绍后四小节活动安排。 （2）布置家庭作业：在接下来的一周内观察亲子彼此的5种情绪产生情况，强化对情绪的认识与理解	心情日记

第2小节　　　"负面情绪"，我拿你怎么办

（一）目标

（1）家长了解疏导孩子的负面情绪的方法。

（2）孩子了解合理表达负面情绪的方法。

（二）流程

时间	环节名称/目的	内容	所需物资
5分钟	签到	组员签到，贴上姓名贴	签到表1张 签字笔1支 姓名贴
10分钟	忆一忆：让组员对此次活动有整体的了解	（1）社工向组员介绍本小节活动的目标。 （2）社工带领组员回顾上小节所学的内容。 （3）了解家庭作业完成情况，调查每组家庭对情绪的观察记录情况，进行简单的讨论	家庭作业纸
15分钟	生存岛游戏：热身与主题引入	（1）两组家庭分别站在两张报纸上，每个家庭一个代表玩"石头、剪刀、布"。输的一方要把报纸对半折小，以此类推，一直到有一组家庭的报纸装不下成员为止。 （2）与组员分享游戏感受，抓住游戏中失败时不顺利、不开心、生气情绪的情况引入话题——在生活中要是遇到生气的时候会怎么处理。 （3）社工邀请大小组员前往不同场地分组开展平行内容。社工利用PK方式让大小组员迅速完成分组集合安排	报纸10沓

时间	环节名称/目的	内容	所需物资
40分钟	分组活动——小组员组： （1）火山爆发时游戏（5分钟）； （2）绘本阅读（20分钟）； （3）小分享（10分钟）	（1）社工邀请小组员模仿火山爆发时的情景和愤怒时的表情与动作，调节前一个游戏的紧张情绪。 （2）带读《生气汤》绘本，带小组员了解生气这种情绪以及应对方法。 （3）社工引导小组员讨论霍斯生气的原因和妈妈的处理方式，进行记录。 （4）进行场景模拟，让小组员明白"负面情绪说出来更容易被别人知道"	《生气汤》绘本 大白纸1张 彩色笔一盒 玩偶娃娃和妈妈
	分组活动——大组员组： （1）火山爆发时游戏（5分钟）； （2）绘本阅读指导（20分钟）； （3）小分享（10分钟）； （4）知识要点（5分钟）。 提升组员对负面情绪的处理技巧	（1）社工邀请大组员模仿火山爆发时的情景和愤怒时的表情与动作，帮助大组员找到和小组员同频状态。 （2）依托《生气汤》绘本，分享幼儿负面情绪尤其是愤怒情绪的原因，了解应对负面情绪的方法。 （3）社工带领大组员针对家庭中对孩子发火的常见行为进行分享，根据绘本中缓解孩子情绪的方法展开讨论。 （4）引导大组员正确认识孩子的负面情绪，疏导接纳比理性分析和指责会更合适	大白纸1张 彩色笔一盒 电脑 投影仪 《生气汤》绘本
15分钟	平行小组交流环节	大小组员集合，互相分享在小组中的收获。小组员向大组员讲述自己在角色扮演中的感受和解决方法，大组员向小组员介绍应对愤怒情绪的策略，共同探讨在生活中遇到愤怒情绪时的处理方式	
5分钟	总结：小节活动总结与分享	（1）总结本次小组活动内容。 （2）布置家庭作业：继续进行情绪记录，并在出现负面情绪的时候记录是如何表达和处理的，完成情绪调节妙招宝库	心情日记 情绪调节妙招宝库

第3小节　　　　　　　　　　　　宣泄情绪的小天地

（一）目标

（1）家长认识到孩子情绪不好的时候需要宣泄空间。

（2）孩子明白负面情绪是可以合理宣泄的。

（二）流程

时间	环节名称/目的	内容	所需物资
5分钟	签到	组员签到，贴上姓名贴	签到表1张 签字笔1支 姓名贴
10分钟	忆一忆：让组员对此次活动有整体的了解	（1）社工向组员介绍本小节活动的目标。 （2）社工先带领组员回顾上小节所学的内容。 （3）了解家庭作业完成情况，调查每组家庭对情绪的观察、记录情况，进行简单的讨论	小卡纸20张 彩色笔1盒 姓名贴20个 家庭作业纸
10分钟	"松鼠备粮"游戏：热身与主题引导	2人一组，小组员扮演小松鼠，大组员扮演大树，根据情绪词语做反应动作。 情绪词：开心——松鼠大树手拉手，伤心——松鼠蹲，生气——松鼠大树背对背，害怕——松鼠抱着自己，爱——大树抱松鼠	"松鼠备粮"故事
40分钟	小组员组： （1）绘本阅读（20分钟）； （2）我的冷静空间（20分钟）	（1）带读《杰瑞的冷静太空》绘本，带小组员继续了解愤怒这种情绪以及应对方法。 （2）社工邀请小组员在白纸上画出自己生气的时候的调节方法	《杰瑞的冷静太空》1本 大白纸10张 彩色笔3盒
	大组员组： （1）绘本阅读指导（20分钟）； （2）小分享（15分钟）	（1）社工依托《杰瑞的冷静太空》绘本，引导大组员探讨如何为幼儿创造安全的情绪宣泄空间。 （2）大组员每人一张A4纸，画出为家庭打造的冷静空间	大白纸1张 彩色笔1盒 电脑 投影仪 《杰瑞的冷静太空》绘本

时间	环节名称/目的	内容	所需物资
20分钟	平行小组交流环节：我有妙招	（1）大小组员集合，大小组员交换画纸进行欣赏，分享彼此的冷静空间。 （2）社工带领大组员与小组员结合画纸讨论缓解情绪的方法，分享与整理妙招	大白纸1张 彩色笔1盒
5分钟	总结：小节活动总结与分享	（1）社工请大小组员进行总结与分享。 （2）社工总结本次小组活动内容。 （3）布置家庭作业：继续进行情绪记录，并在出现负面情绪的时候记录是如何表达和处理的	心情日记 情绪调节妙招宝库

第4小节　　多子女的喜怒哀乐

（一）目标

家长认识到如何平衡多子女的关系，减少亲子手足的负面情绪。

（二）流程

时间	环节名称/目的	内容	所需物资
10分钟	签到	组员签到，贴上姓名贴	签到表1张 签字笔1支 姓名贴
10分钟	忆一忆：让组员对此次活动有整体了解	（1）社工向组员介绍本小节活动的目标，带领组员回顾上小节所学的内容。 （2）了解家庭作业完成情况，调查每组家庭对情绪的观察、记录情况，进行简单的讨论	家庭作业纸
10分钟	"爱我你就抱抱我"游戏：热身与主题引导	组员围成圈，在音乐播放时，组员开始走动，当听到对应的歌词内容时需要做动作："陪陪我"——和身边的人站在一起；"夸夸我"——对身边的人举大拇指；"亲亲我"——和自己的家长或孩子拉手；"抱抱我"——和自己的家长或孩子拥抱。 音乐停止，全部人原地停下。 通过游戏让大组员认识到孩子对亲近父母的内在需求	《爱我你就抱抱我》音乐
20分钟	绘本阅读	大小组员一起参与阅读《当姐姐真好》绘本	《当姐姐真好》绘本 电脑 投影仪

续表

时间	环节名称/目的	内容	所需物资
30分钟	分组活动——大组员组：父母情绪觉察与亲子手足情绪处理	（1）社工为大组员分享多子女家庭常见情绪问题以及背后原因。 （2）邀请大组员探讨引发家庭多子女负面情绪的原因以及正确认知和应对技巧	多子女家庭父母情绪觉察与亲子手足情绪处理要点PPT 大白纸1张 彩色笔1盒
	分组活动——小组员组：鼓励小组员表达手足相处的感受	（1）社工带领小组员到"四点半课堂"，通过绘画表达手足相处的感受。 （2）没有手足的小组员，可以用朋友代替表达	彩色笔5盒 大白纸10张
10分钟	平行小组交流环节及总结	（1）社工请小组员分享自己的画给大组员看，社工邀请大小组员表达感受。 （2）社工总结本次小组活动内容。 （3）布置家庭作业：继续进行情绪记录	心情日记 情绪调节妙招宝库

第5小节　　多听孩子的心里话

（一）目标

孩子能表达自己的情绪与想法，家长能认真聆听。

（二）流程

时间	环节名称/目的	内容	所需物资
5分钟	签到	组员签到，贴上姓名贴	签到表1张 签字笔1支 姓名贴
5分钟	忆一忆：让组员对此次活动有整体的了解	（1）社工向组员介绍本小节活动的目标，带领组员回顾上小节所学的内容。 （2）了解家庭作业完成情况，调查每组家庭对情绪的观察、记录情况，进行简单的讨论。 （3）了解组员近期亲子关系、手足关系情况，了解情绪识别与表达情况	家庭作业纸

时间	环节名称/目的	内容	所需物资
20分钟	带读绘本	（1）社工以"爸妈会生气吗"为题目问孩子，是什么引发爸妈有生气的情绪，做什么事情爸妈会特别生气，等等，展开讨论。 （2）带读《请不要生气》绘本	电脑 投影仪 《请不要生气》绘本
30分钟	分组活动——大组员组：我的大脑呀，我的情绪呀。 提升组员对于幼儿情绪的理解和接纳能力	社工将家长和孩子分组，然后分别带领大小组员去各自场地进行讨论。 （1）大组员相互讨论平时孩子生气的场景及原因。 （2）社工带领大组员温习学龄前儿童情绪发展特点以及大脑发育特质。 （3）社工带领大组员理解倾听孩子内心声音的重要性，明白孩子在努力成为大人心中的好孩子，大人应给予更多理解和支持	知识PPT 白纸1张 彩色笔1盒
	分组活动——小组员组：强化表达自我的方法	（1）社工B带小组员去"四点半课堂"，回忆之前学习的表达负面情绪的有效方法。 （2）社工讲授正确表达自我想法和感受的方法，并收集小组员自己的经验	白纸1张 彩色笔1盒
10分钟	平行小组交流环节：心声你听见	（1）社工组织大小组员重回集合场地，以家庭为单位围成圈坐好。 （2）社工欢迎大家回来，邀请大家分享与讨论倾听心声和表达情绪两个主题的收获。 （3）社工邀请1～2名小组员分享，然后邀请1～2名大组员分享。社工把控时间，并进行简要提炼与总结，对组员予以肯定。 （4）社工引导其他未发言组员表达观点与想法，进行简要提炼与总结，并对组员予以肯定。 （5）社工进行总结，强调倾听和表达都很重要	大白纸 彩色笔
10分钟	忆一忆，谈一谈	（1）社工引导组员运用工作纸完成对小组活动核心内容的回顾。 （2）邀请组员回顾在小组所学到的知识以及运用之后生活发生的改变	小组活动内容回忆工作纸（游戏名称及绘本对应的主题内容）

时间	环节名称/目的	内容	所需物资
10分钟	总结：小节活动总结与分享	（1）每位组员以一句话总结小组活动内容，分享参与感受，其他组员予以掌声鼓励。 （2）发放问卷，调查活动成效。 （3）赠送小组纪念资料，包括每组家庭参与活动的照片集和情绪记录工作纸	照片集 心情日记 情绪调节妙招宝库

九、附件

附件1	前测问卷

1.您是否了解儿童情绪管理的重要性？（　　）

A.非常了解

B.了解一些

C.不太了解

D.完全不了解

2.当孩子出现情绪问题时，您通常会怎么做？（　　）（可多选）

A.耐心倾听孩子的感受

B.引导孩子表达情绪

C.转移孩子的注意力

D.忽视孩子的情绪

E.其他（请注明）

3.您有信心处理孩子的情绪问题吗？（　　）

A.非常有

B.有一些

C.不太有

D.完全没有

4.您是否经常陪孩子进行绘本阅读？（　　）

A.几乎每天都读

B.每周2～3次

C.每月1～2次

D.很少读或几乎不读

附件2　　　　　　　　　　　　亲子心情日记

时间	心情小怪兽	开心的事儿	不开心的事儿	我是怎么表达的	爸妈/宝宝是怎么处理的
星期一	提示：可以画几个不同表情的小怪兽让孩子选，如咧嘴笑代表开心、撇嘴哭代表难过、瞪大眼代表害怕、爱心代表爱，鼓腮帮代表生气等。也可以使用颜色表示，但需要提前确认含义				
星期二					
星期三					
星期四					
星期五					
星期六					
星期日					

附件3　　　　　　　　　　　　松鼠备粮童话故事

秋天到了，森林里一片忙碌的景象，松鼠们都在为过冬储备粮食，到处洋溢着开心的氛围。阿灰特别擅长采松子，它每次爬上高高的松树，熟练地摘下松子放进嘴里时，开心得眼睛都眯成了一条缝。小白则喜欢采集栗子，它在栗子树下看着一个个饱满的栗子，心里别提多开心了。小黑最爱吃榛子，它在榛子林里每找到一颗榛子，都会开心地吱吱叫。

只有咪咪不见踪影。原来，咪咪对城市充满了好奇，它常常听飞过森林的鸟儿开心说起城市里的热闹景象。当它终于踏上前往城市的路时，心里既开心又有些害怕。开心的是终于能去看看外面的世界，害怕的是未知的旅途会遇到什么危险。

咪咪很害怕掉到河里，于是找来松树皮当船，小心翼翼地划过了河。当它踏上城市的土地，开心得在原地转圈圈。听人们讲故事让它开心得手舞足蹈。夜幕降临，周围陌生的环境、嘈杂的声音，让咪咪突然感到一阵害怕。它想起了森林里温暖的家和伙伴，开始伤心起来。

咪咪伤心地往回走，冬天的寒风已经开始呼啸，它又冷又饿。回到森林后，阿灰大哥生气地说："咪咪，你太任性了，冬天就要来了，大家都在努力储备粮食，你却跑出去玩。"咪咪低着头，伤心极了。

第二天，咪咪说要独自出去采集更好的粮食，其实它又偷偷去了城里。这次，它刚到城里就遇到了一只流浪猫。流浪猫恶狠狠地盯着它，咪咪吓得浑身发抖，它拼命地跑，感觉自己的心脏都要跳出来了。它一边跑一边伤心地哭："我好想家。"

冬天来了，雪花纷纷扬扬地飘落，森林被冰雪覆盖。其他松鼠都有足够的粮食，躲在温暖的洞里，平静地度过寒冬。而咪咪却在外面冻得瑟瑟发抖，又饿又累。它拖着虚弱的身体回到了森林，阿灰大哥看到它这副模样，虽然有些生气，但更多的是心疼。阿灰大哥把咪咪拉进洞里，伙伴们也纷纷把自己的粮食分给它。

咪咪看着大家，感动得热泪盈眶，它感受到了伙伴们深深的爱。从那以后，咪咪再也不任性了，它和伙伴们一起守护着森林，守护着这份温暖的爱。

附件4　　　　　情绪调节妙招宝库

（以下为参考示例，可以根据实际情况帮助幼儿建立一份实用性更好的情绪调节妙招宝库）

具体方法	使用说明	效果评估
跑步	选择安全的户外场地，每次持续30分钟以上	运动后感觉身体发热、出汗，情绪逐渐平稳，愤怒或焦虑感减轻
瑜伽	在安静、舒适的空间，跟随教学视频进行简单的瑜伽练习，每次20~60分钟	练习过程中专注呼吸和动作，能让内心平静，烦躁和焦虑情绪得到缓解
听音乐	选择节奏明快、旋律轻松的歌曲，戴上耳机聆听，每次30分钟左右	欢快的旋律能带动心情，舒缓的音乐可放松身心
与朋友聊天	约朋友见面或通过电话、网络交流，分享自己的感受和经历，时间根据交流情况而定	将内心的痛苦倾诉出来，获得朋友的理解和支持，减轻难过和孤独感
写日记	准备一个笔记本，将自己的情绪和想法记录下来，可随时进行	通过文字表达，梳理情绪，让自己更加清晰地认识内心感受
绘画	准备绘画工具，自由创作或临摹喜欢的作品，每次1~2小时	专注于绘画过程，转移注意力，缓解烦躁和焦虑情绪
阅读	选择自己感兴趣的书籍，在安静的地方阅读，每次30分钟以上	沉浸在书籍的世界中，忘却烦恼，调节心情
户外散步	选择公园、河边等环境优美的地方，散步，每次30~60分钟	呼吸新鲜空气，欣赏自然景色，减轻压抑和烦闷感
整理房间	对房间进行整理和清洁，合理摆放物品，可根据房间大小安排时间	整洁的环境能让人心情舒畅，缓解烦躁情绪

第二节　活动方案范例

活动 ▶ 让关系变得更健康——亲密关系工作坊活动

一、基本信息

活动名称：让关系变得更健康——亲密关系工作坊活动

活动对象：对亲密关系主题感兴趣的人

活动时间：2019年10月

活动地点：L社区党群服务中心

活动人数：16人

负责社工：佃社工，仇社工，吴社工，李社工

人手编排：4名社工，1名义工

二、背景

近年来，社工个案咨询显示，很多人对亲密关系服务需求较大。他们因对亲密关系了解不足，处理亲密关系时力不从心，影响关系体验及个人自尊与自我价值。同时，不少夫妻受家庭琐事牵绊，忽视伴侣互动与自身成长，不懂处理亲密关系引发的情绪困扰，不接纳自己与伴侣，进而引发身心问题。

深圳鹏星社工督导团队拟面向所有对亲密关系感兴趣的居民及相关从业者开展"让关系变得更健康——亲密关系工作坊活动"，旨在助力建立更健康的亲密关系。

该活动依据萨提亚家庭治疗模式开展，重点践行萨提亚的五种沟通姿态（讨好、指责、打岔、超理智、一致性沟通），以及冰山理论，引导参加者关注行为背后的内心渴望与期待。该活动通过具体事件讲解五种沟通姿态并进行分组体验，还以圣诞节买礼物事件为例，展示男女在亲密关系中的不同心理，促进参加者对自我及对方的觉察。

三、目的与目标

（一）目的

提升亲密关系的应对能力。

（二）目标

（1）至少80％的参与人员能够认识亲密关系中的沟通姿态。

（2）至少80％的参与人员能够运用冰山理论了解亲密关系中的彼此。

四、活动安排

阶段	时间	环节名称	具体内容	人员分工	物资
前期准备	10月初	撰写计划	撰写宣传及活动计划，申请活动经费	李社工	
	10月13日前	活动筹备	制作PPT，准备歌曲、反馈问卷、沟通姿态道具、冰山道具	佃社工 李社工 仇社工 吴社工	
	10月13—18日	活动宣传	宣传海报、宣传文案、宣传途径等	佃社工 李社工 仇社工 吴社工	宣传海报 宣传文案
活动安排	10月18日 14：00—14：20	场地布置	（1）在密封性较好的室内场地，将椅子面向讲台，呈U形摆放。 （2）将投影和电脑连接好，投影出PPT第一页。 （3）签到处、洗手间有明确标识	某服务点团队	音响 麦克风 20把椅子 翻页笔 签到表 标识牌等
	10月18日 14：00—14：30	签到，活动等候	开场前，当大家签到后等待时，做婚姻健康测验（活动结束时给答案），入群（亲密关系体验工作坊群）	义工（活动开始后，义工全程负责拍照）	16份婚姻健康测验
	10月18日 14：30—14：32	活动开场	开场说明（拍照、洗手间、本次活动时间安排等）	主讲人	
	10月18日 14：32—14：36	活动导入	播放歌曲《洋葱》	义工播放歌曲《洋葱》	歌曲《（洋葱）》

阶段	时间	环节名称	具体内容	人员分工	物资
活动安排	10月18日 14：36—14：51	暖场	（1）两名协助者示范：我名字的故事＋童年趣事＋优点介绍。 （2）参加者体验：我名字的故事＋童年趣事＋优点介绍（两两互动）	仇社工和李社工示范，随后4名社工观察、引导参加者体验	
	10月18日 14：51—15：05	短讲：沟通姿态	（1）播放关于亲密关系中的沟通姿态的视频片段《小欢喜》。 （2）短讲：五种沟通姿态	1名义工负责播放视频	视频片段《小欢喜》
	10月18日 15：05—15：40	体验：沟通姿态	（1）体验讨好、指责、打岔、超理智四种沟通姿态的动作。 （2）选两人出来按照既定的情境表演出不同的沟通姿态，其他参加者观察并反馈。 （3）一致性沟通讲解：选择其中一个情境，用一致性沟通来演绎	佃社工主讲，仇社工和吴社工示范前面四种沟通姿态；李社工示范一致性沟通姿态	5个体验情境
	10月18日 15：40—15：45	小休	休整		
	10月18日 15：45—15：20	短讲：冰山	（1）讲解：以圣诞节买礼物来导入冰山。 （2）短讲冰山层次。 （3）拿其中一个情境的视频，让参加者观看并说明情境中的冰山层次（问答＋示范）	佃社工主讲	冰山层次图片 男女不同的冰山图
	10月18日 15：20—15：25	健康关系小提示	（1）由 "How to change your wife" 到 "How to change your life" 的故事引出，在亲密关系，应先做出自我改变。 （2）健康关系小提示讲解	佃社工主讲	健康关系小贴士

阶段	时间	环节名称	具体内容	人员分工	物资
活动安排	10月18日 15：25—15：30	服务反馈及合影结束	填写服务反馈问卷并合影，在群里领取婚姻健康测验解答	4名社工一起组织	反馈问卷 相机 婚姻健康测验解答
	10月18日 15：30—15：35	活动收场	活动结束，全体人员收拾场地	义工	
活动跟进	10月18日 15：35—17：00	活动总结	4名社工总结活动情况，并邀请1名参与人员与义工一起总结	佃社工	
	10月19日	通讯稿	撰写通讯稿并发送给相关媒体	义工	
	10月19日	整理照片	筛选活动照片并存档	义工	
	10月21日	活动评估报告	撰写活动评估报告	李社工	
	10月23日	存档	将活动相关资料打印并存档	李社工	

五、活动评估

序号	评估项	评估指标	评估方法
1	出席人数	不少于16人	活动签到表
2	目标	（1）所有服务对象能够认识亲密关系中的沟通姿态。（2）所有服务对象能够运用冰山理论了解亲密关系中的彼此	活动反馈调查问卷 在活动中抽选约5名参加者进行访谈
3	满意度	不低于90%	活动反馈调查问卷
4	文档记录	文档记录及时、完整	检查文档资料

六、困难预估

序号	预计困难	解决方法
1	参与人员较少	提前宣传，与有兴趣的服务点合作

续表

序号	预计困难	解决方法
2	分享话题期间隐私问题处理	在活动过程中告知参加者有关隐私的保密原则，提醒其相互注意对隐私的保护

第三节　家庭领域实务要点

　　社会工作专家周月清对家庭社会工作的定义为：运用社会工作的方法或理论，以家庭为中心及维护家庭的完整，视家庭为一个整体并顾及家庭中每一个成员的需求，从而提供各项家庭服务，以解决各种社会问题，包括对整体家庭及各个家庭成员的需要进行介入和评估等。

　　家庭社会工作的目的在于协助解决家庭问题，改善日常家庭生活，提升家庭自身解决问题的能力，促进家庭关系的和谐及家庭功能的正常发挥。

一、家庭的分类和特点

　　在家庭的分类上，不同学者有不同的区分。费孝通曾将家庭分为残缺家庭、核心家庭、主干家庭、联合家庭。王跃生等借助2000年第五次全国人口普查数据，分析了当代中国的家庭结构分布，将我国的家庭结构分为核心家庭、直系家庭、复合家庭、单人家庭、残缺家庭及其他无法分类家庭六类。

　　与家庭密切相关的特别议题包括多子女家庭亲子关系、离异、再婚重组、家庭暴力等。

二、常用理论及干预方法

　　常用理论：主要包括家庭系统理论、家庭生命周期理论、生态系统理论、角色互动理论、萨提亚家庭治疗模式、结构式家庭治疗模式、家庭抗逆力理论。

　　干预方法：主要包括家庭会谈、平行小组、自然教育、阅读指导、游戏疗法、正面教养、家庭治疗、抗逆力训练。

三、案例评析

　　本章精选了1个家庭小组案例及1个活动案例。

　　伴童共成长——亲子情绪管理平行小组：选取绘本、游戏等作为沟通桥梁。在游戏环节，家长有机会深入理解幼儿的情绪世界，而孩子也能在轻松愉快的氛围中认识各种不同的情绪。同时，以绘本为媒介，引导家长和孩子更为直观地认识情绪，探寻情绪产生的根源，并学习有效的情绪处理方法。活动采用平行小组的形式，既设置了亲子共同参与的互动时间，让家长和孩子在互动中相互观察、共同成长；又安排了独立的分享沟通时段，为家长和孩子提供充分的表达空间，使他们能够毫无拘束地倾诉内心的想法和感受。相信通过参与小组活动，家长和孩子都能在亲子关系、情绪管理等方面取得显著进步。

让关系变得更健康——亲密关系工作坊活动：聚焦于亲密关系中的沟通与自我成长。社工旨在帮助参加者提升沟通效能，深化自我认知。活动开场通过播放当年的热门剧集《小欢喜》中的有关片段展现伴侣在冲突中的沟通姿态，更直观地带领参加者感受亲密沟通的不同模式。而后社工深入解读五种沟通姿态，使参加者对冲突下的沟通模式有清晰认知。体验环节则让参加者亲身感受四种沟通姿态的动作，通过角色扮演与观察反馈，加深对不同沟通姿态的理解。最后学习第五种沟通姿态——一致性沟通，在详细讲解和现场演绎下，参加者能更好地掌握有效沟通技巧。活动的后半部分以圣诞节买礼物为切入点引入冰山理论，结合实例剖析其层次结构，引导参加者洞察行为背后的深层心理，用情景模拟强化和提升参加者对知识要点的理解和运用。

四、设计要点

（一）环境选择

针对家庭设计的活动，需要结合活动主题、参与的家庭成员年龄、工作人员数量等因素选择合适的环境，包括场地类型、场地安全、空间布局、氛围营造、活动主题适配度等方面。

（二）内容设计

开展家庭领域活动时，招募家庭中的成年人参与是比较困难的。一方面可连接各种社区资源，扩大招募家庭中的成年人参与的渠道。另一方面需要特别留意家庭整体在活动中的参与感。还需要重点考虑"孩子是否能参与"的部分，在内容选择及游戏设计上兼顾年龄差异，既要有一定的参与吸引力，又要考虑孩子是否能够理解话题。此外，通过家庭中的孩子带动家长参与，充分发挥"小手拉大手"的力量。

（三）活动带领

很多家庭具备丰富的经验，社工在带领过程中注意邀请家庭成员参与及表达，甚至可以适当将带领权交出去，提升参与感和投入感。

五、关键词总结

（一）多元视角

家庭的分类是非常丰富的，家庭面临的问题也是多元和复杂的，社工在设计活动时需要具备多元视角，才能更好地理解和接纳家庭。

（二）优势视角

在家庭系统中，运用优势视角去审视每一位成员是至关重要的。这种视角让社工不再仅仅聚焦于家庭成员所面临的问题和不足，而是将目光投向家庭所具备的优势和长处。家庭中出现的问题并不仅仅是困扰和阻碍，也有可能是促进家庭成长和改变的宝贵机遇。

六、思考题

（1）思考社工设计的亲子活动和社会上其他亲子活动之间的区别。

（2）参考范例，设计一个针对多子女家庭手足相处的小组。

第五章

老年人领域服务方案

第一节 小组方案范例

小组1 "话"出多彩人生——老年人怀旧治疗小组

一、基本信息

小组名称："话"出多彩人生——老年人怀旧治疗小组

小组对象：社区70岁及以上空巢、独居老年人

小组人数：4~8人

小组时间：2019年10—11月

小组地点：M社区党群服务中心

小组性质：治疗性小组

小组节数：共7小节

负责社工：程社工

人手编排：主带社工1名，协助社工2名

二、背景

截至2019年8月，M社区有住户约4000户，居住总人口约11900人，其中老年人约1001人。社工在日常服务及走访中了解到，社区老年人多为原L建筑工程公司的职工或职工家属，部分老年人为独居或丧偶，经历丰富、倾诉欲强但苦于无人聆听或理解，孤独、寂寞，缺乏心理支持。

心理学家埃里克森认为，老年期是人生的最后一个阶段，老年期要解决的核心问题是获得自我完整感，避免陷入自我绝望。在这一阶段，个人必须学会接受生活中所发生的一切，并得出对自己生命意义的理解。老年人常回忆往事，心理学家认为这是老年的一种调节机制，适当加以引导，对老年人来说能够完成"自我完整"这一老年期的人生任务。社工拟通过小组形式，协助有需要的老年人聚在一起聊聊过去、现在和未来，回顾过往生活中较重要、较难忘的事情，找到情感共鸣，发展相互支持。同时，引导老年人通过定期聚会，回忆及重新体验快乐、尊严、成就，"话"出多彩人生。

三、理论架构

心理学家吉布森认为，怀缅是一种具有个人意义性回顾人生经历的方法。即是说，除了回想外，怀缅可进一步对过去的经验进行重新体会及整理。在社工协助下，长者可重新理解及评价过去一些不愉快的经历，从正面的角度去面对过去的失败、困扰，从而肯定自己。

怀旧，是引导老年人对过去生活中较重要、较难忘的事件或时刻进行回顾并讲述经历的过程，从回顾中让老年人重新体验快乐、成就、尊严等多种有利于身心健康的情绪，帮助老年人找回自尊和荣耀。这一方法被一再证明对调整老年人心态十分有效。本小组拟通过带领老年人组员重温过去的喜怒哀乐，创造轻松的环境，鼓励其合理宣泄不满、遗憾、焦虑等负面情绪，找回自尊和荣耀；引导老年人组员重新体验成功、快乐、成就、尊严等有利于身心健康的情绪，增强自尊和自信；使组员在聆听、互相分享的过程中增强认识，发展互相支持的关系。通过定期小组聚会，回忆当年，把握当下，展望未来。

四、目的与目标

（一）目的

调整老年人心态，增强老年人自尊、自信，增进老年人社交。

（二）目标

（1）至少80%的组员在小组中重新体验快乐、成就等有利于其身心健康的情绪。
（2）至少80%的组员能够在小组中抒发不满、遗憾、焦虑等负面情绪。
（3）至少80%的组员在小组中感受到相互支持。
（4）至少80%的组员制作1本个人生命故事册。

五、小节安排

节序	日期/时间	主题/目标	人员分工
1	10月21日 9：30— 11：30	主题：我们初相聚。 目标：介绍小组的目标和内容；组员自我介绍，互相认识；订立小组契约	主持：程社工 协助：梁社工
2	10月25日 9：30— 11：30	主题：记忆中的家乡。 目标：交流家乡习俗、美食、童年游戏等；体验开心、愉快等健康情绪，抒发遗憾、焦虑等负面情绪；感受到来自其他组员的支持	主持：程社工 协助：梁社工

续表

节序	日期/时间	主题/目标	人员分工
3	10月28日 9：30— 11：30	主题：过去的旧时光。 目标：鼓励组员回忆并说出照片中的人、事、物、景、地；组员借由回忆表达及分享健康和负面的情绪感受；组员感受到来自小组的支持	主持：程社工 协助：梁社工
4	11月1日 9：30— 11：30	主题：我的爱情与婚姻。 目标：组员重温恋爱与结婚时的喜悦；组员分享对爱情与婚姻的体验；组员相互沟通，建立社交关系	主持：程社工 协助：梁社工
5	11月4日 9：30— 11：30	主题：我的困难与伟大。 目标：正视自身生命中的低谷，增强自尊；回忆自身生命中较有成就感的时刻，增强自信	主持：程社工 协助：梁社工
6	11月8日 9：30— 11：30	主题：毕业典礼。 目标：总结与回顾小组历程；沉淀小组经验	主持：程社工 协助：梁社工
7	11月18—22日9：30— 11：30	主题：生命故事册。 目标：入户探访组员，赠送生命故事册；评估小组活动成效	主持：梁社工 协助：程社工

六、小组评估

序号	评估项	评估指标	评估方法
1	出席人数	不少于4人	签到表
2	目标	（1）至少80％的组员能在小组中重新体验快乐、成就和尊严等有利于其身心健康的情绪。 （2）至少80％的组员能在小组中抒发不满、遗憾、焦虑等负面情绪。 （3）至少80％的组员能在小组中感受到来自其他组员的支持。 （4）至少80％的组员制作1本个人生命故事册	组员口头反馈 小组中观察 个别访谈 查看生命故事册 发放登记表
3	满意度	至少80％的参加者对活动内容及形式安排、工作人员表现等表示满意或非常满意	个别访谈 组员口头反馈 小组中观察
4	文档记录	文档记录及时、完整	检查文档资料

七、困难预估

序号	预计困难	解决方法
1	组员招募困难	（1）除了一般的宣传招募外，提前进行社区走访及家访，评估社区独居、空巢老人需求，邀请合适的组员参与活动。 （2）针对社工已了解到的合适的组员，直接上门邀请。 （3）报名满4人，即正式开启小组
2	报名人数过多	（1）人数超过8人，第9位报名人员作为后补，在报名时即与报名人员明确。 （2）如正式组员有人退出，则通知第9位报名人员加入
3	组员情绪无法安抚	（1）提前与组员明确小组目标及活动内容，让组员做好参与准备。 （2）当个别组员情绪失控可能影响到小组整体进程时，则由协助社工将其带离活动环境并进行个别安抚与跟进。 （3）如组员有需要，社工可在组外以个别跟进的方式提供针对性服务
4	组员方言口音较重	（1）鼓励其他听得懂的组员进行转述，借助语言的不同让组员明白各个地方的不同，增进组员间的相互理解，找到联结。 （2）协助组员通过其他途径如老照片、旧物件等表达自身情绪及观点，促进沟通
5	长者身体不好	（1）购买场地险。 （2）每小节活动时间控制在60分钟左右。 （3）每次活动前后提醒老年人慢慢走，不着急；活动过程中提醒老年人多喝水；活动结束时提醒老年人慢慢站起来，站一会再走，不着急。 （4）确保活动桌椅结实、稳固，便于扶靠。 （5）如老年人有感觉不适，则及时打电话送医及通知其子女。 （6）在活动过程中密切关注组员情绪，避免老年人情绪过于激动。 （7）活动中心配备常用药品，并留存社区康复服务中心电话。 （8）工作人员活动前后均在门口接送老年人，提醒其注意安全

八、小组小节计划

第1小节 　　　　　　　　　　　我们初相聚

（一）目标

（1）介绍小组的目标和内容。

（2）组员自我介绍，互相认识。

（3）订立小组契约。

（二）流程

时间	环节名称/目的	内容	所需物资
20分钟	活动前准备	（1）布置场地：环形围桌座位安排 （2）核对分工情况 （3）核对物资	横幅 宽胶带 大白纸 白色及彩色A4纸 姓名牌 不同颜色卡纸 彩色笔1盒 录音笔3支 签到表1份 签字笔8支 观察记录表1份
10分钟	签到	组员签到	签到表 签字笔
15分钟	小组介绍及收集期望：介绍小组目的、内容及安排，了解组员的参与期望	（1）社工介绍活动目的与目标。 （2）社工介绍整场小组定期聚会安排。 ①小组活动内容：共7小节。 第1小节是我们初相聚。 第2小节是记忆中的家乡。 第3小节是过去的旧时光。 第4小节是我的爱情与婚姻。 第5小节是我的困难与伟大。 第6小节是毕业典礼。 第7小节是生命故事册。 ②时间安排：9：30—11：30。 ③场地安排：社区党群服务中心。 （3）收集组员对小组主题及内容安排的建议与期望。 （4）征求组员意见，全程拍照及录音，为生命故事册进行素材资料的收集	

续表

时间	环节名称/目的	内容	所需物资
10 分钟	认识你我他：组员相互认识	（1）组员轮流做自我介绍："我叫×××，我喜欢大家叫我××（昵称），我的家乡是……我是××年来到这座城市的。"介绍完毕，其他组员望着该组员，对该组员说："××你好！" （2）进行"音乐传球"，第一位组员自我介绍完毕，直接将球传给其邀请的那位组员…… （3）工作人员在胸牌上记录下每位组员的昵称，并为组员戴上胸牌	姓名牌8个 彩色笔1盒 球 观察记录表
20 分钟	对深圳的记忆：组员找到联结	我们相识在深圳，聊一聊关于深圳的记忆：人、事、景、物、地	
10 分钟	我们的约定：制定小组契约	（1）带领组员回忆以上谈话过程的气氛，组员之间的聆听，互相回应等过程，以及组员的感受。找出令人满意或不满意的地方，表达期望。社工将其记录在大白纸上，作为小组规则。 （2）社工增加建议规则：尊重每一个组员；相互支持；小组的事情只在小组聊。 （3）征询组员是否能做到，了解做不到的原因	"我们的约定"大白纸 大白板 白板笔
5 分钟	总结：小节活动总结与分享	（1）总结本次小组活动内容： ①每位组员以一句话总结小组活动内容，分享参与感受； ②每位组员总结完毕，其他组员以掌声鼓励。 （2）预告下次聚会主题——记忆中的家乡。 （3）所有组员合影	
30 分钟	服务检视：工作人员总结	（1）待组员离开后，工作人员检视卫生及安全情况。 （2）工作人员总结本小节活动情况	观察记录表

第2小节　　　　　　　　记忆中的家乡

（一）目标

（1）交流家乡习俗、美食、童年游戏等。

（2）体验开心、愉快等健康情绪，抒发遗憾、焦虑等负面情绪。

（3）感受到来自其他组员的支持。

（二）流程

时间	环节名称/目的	内容	所需物资
20分钟	活动前准备	（1）布置场地。 （2）核对分工情况。 （3）核对物资	横幅 宽胶带 大白纸 白色及彩色A4纸 姓名牌 不同颜色卡纸 彩色笔1盒 小组用照片资料 录音笔3支 签到表 签字笔8支 观察记录表1份
10分钟	签到	组员签到	签到表 签字笔
10分钟	小组回顾：上小节活动内容回顾	（1）播放上次活动照片，引导组员回顾上小节小组活动内容：自我介绍、深圳的记忆、我们的约定。 （2）介绍本次主题与内容	上次活动内容照片 "我们的约定"大白纸
10分钟	热身游戏："我要找到他"：促进组员相互认识	随机发给组员每人一个写有组员昵称的胸牌，要求每位组员尽快找到胸牌的主人，并帮他佩戴上	姓名牌
30分钟	记忆中的家乡：交流家乡习俗、美食、童年游戏等	（1）社工结合组员籍贯，展示与其家乡有关的美食、习俗等照片，勾起组员回忆。 （2）鼓励每位组员分享家乡特别的习俗、游戏的玩法、美食的做法，以及与之有关的趣事等，鼓励与其家乡相同的组员给予补充和回应。 （3）鼓励其他组员聆听，给予分享人支持鼓励	与组员家乡有关的照片一组

续表

时间	环节名称/目的	内容	所需物资
10分钟	总结：小节活动总结与分享	（1）总结本次小组活动内容： ①每位组员以一句话总结小组活动内容，分享参与感受； ②每位组员总结完毕，其他组员以掌声鼓励。 （2）预告下次聚会主题——过去的旧时光。 （3）布置任务：提醒组员回家寻找一些对自己有意义的老照片，等下次小组聚会时带来	
30分钟	服务检视：工作人员总结	（1）待组员离开后，工作人员检视卫生及安全情况。 （2）工作人员总结本次活动情况	观察记录表

第3小节　　　　　　　过去的旧时光

（一）目标

（1）鼓励组员回忆并说出照片中的人、事、物、景、地。

（2）组员借由回忆表达及分享健康和负面的情绪感受。

（3）组员感受到来自小组的支持。

（二）流程

时间	环节名称/目的	内容	所需物资
20分钟	活动前准备	（1）布置场地。 （2）核对分工情况。 （3）核对物资	横幅 宽胶带 大白纸 白色及彩色 A4纸 姓名牌 不同颜色卡纸 彩色笔1盒 上小节聚会 照片1组 录音笔3支 签到表 签字笔1支 观察记录表 1份

续表

时间	环节名称/目的	内容	所需物资
10分钟	签到	组员签到，分发姓名牌	签到表 签字笔 姓名牌
10分钟	小组回顾：上小节活动内容回顾	（1）播放上次活动照片，引导组员回顾上小节小组聚会的内容：游戏、记忆中的家乡、小组总结。 （2）介绍本次主题与内容	上次活动内容照片 "我们的约定"大白纸
10分钟	热身游戏：重温童年	（1）结合上小节聚会时组员分享到的童年游戏，筛选合适的游戏并带组员体验。 （2）如无分享或无合适的游戏，则采用备选热身游戏——勺子传乒乓球	一次性勺子10支 乒乓球2个
30分钟	过去的旧时光：通过回忆表达及分享自身健康和负面的情绪感受	（1）组员轮流与其他组员展示及分享自己带来的老照片，每位组员选取一个最想跟大家分享的照片，回忆并讲述与之有关的人、事、物、景、地，分享自身感受。 （2）其他组员认真聆听并给予回应	组员带来的老照片
10分钟	总结：小节活动总结与分享	（1）总结本次小组活动内容： ①每位组员以一句话总结小组活动内容，分享参与感受； ②每位组员总结完毕，其他组员以掌声鼓励。 （2）预告下次聚会主题——我的爱情与婚姻。 （3）布置任务：提醒组员回家寻找一些与爱情、婚姻有关的老照片、收藏品等，等下次小组聚会时带来	
30分	服务检视：工作人员总结	（1）待组员离开后，工作人员检视卫生及安全情况。 （2）工作人员总结本次活动情况	观察记录表

第4小节　　我的爱情与婚姻

（一）目标

（1）组员重温恋爱与结婚时的喜悦。

（2）组员分享对爱情与婚姻的体验。

（3）组员相互沟通，建立社交关系。

（二）流程

时间	环节名称/目的	内容	所需物资
20分钟	活动前准备	（1）布置场地。 （2）核对分工情况。 （3）核对物资	横幅 电脑 投影仪 姓名牌 不同颜色卡纸 彩色笔1盒 小组用照片资料 结婚配乐 婚礼用具 录音笔3支 签到表 签字笔 观察记录表1份
10分钟	签到	组员签到，分发姓名牌	签到表 签字笔 姓名牌
10分钟	小组回顾：上小节活动内容回顾	（1）欢迎组员，介绍本次活动时间和地点。 （2）播放上次活动照片，引导组员回顾上小节小组聚会的内容：游戏、过去的旧时光、小组总结。 （3）介绍本次主题与内容	上次活动内容照片 "我们的约定"大白纸
10分钟	热身游戏：结婚纪念日热身	（1）播放结婚配乐来营造气氛。 （2）组员在8分钟内，按各自结婚时间早晚排序。 （3）主持人协助排出顺序	结婚配乐
30分钟	我的爱情与婚姻：通过回忆表达及分享自身经验，建立社交关系	（1）社工展示20世纪40年代、50年代、60年代的结婚照；结婚用具，邀请参加者说明用途。 （2）社工引导组员轮流与其他组员展示及分享自己带来的与爱情、婚姻有关的照片、服饰、用品等。借由照片、服饰和用品，回忆及讲述与之相关的人、事、心情和景致。 ①恋爱模式："盲婚哑嫁"、指腹为婚、自由恋爱？ ②怎样认识配偶？ ③婚礼形式及习俗是什么？ ④服饰是什么样的？ ⑤婚宴是什么样的？ （3）鼓励其他组员认真聆听并给予回应。 （4）若有组员讲到婚姻中不愉快的经历，鼓励组员之间互相支持与安慰，以积极的心态面对	组员带来的照片、收藏品、结婚用具等

时间	环节名称/目的	内容	所需物资
10分钟	总结：小组活动内容总结与分享	（1）总结本次小组活动内容： ①每位组员以一句话总结小组活动内容，分享参与感受； ②每位组员总结完毕，其他组员以掌声鼓励。 （2）预告下次聚会主题——我的困难与伟大。 （3）布置作业：帮组员找优点	
30分钟	服务检视：工作人员总结	（1）待组员离开后，工作人员检视卫生及安全情况。 （2）工作人员总结本小节活动情况	观察记录表

第5小节　　　我的困难与伟大

（一）目标

（1）正视自身生命中的低谷，增强自尊。

（2）回顾自身生命中较有成就感的时刻，增强自信。

（二）流程

时间	环节名称/目的	内容	所需物资
20分钟	活动前准备	（1）布置场地。 （2）核对分工情况。 （3）核对物资	横幅 磁条 大白纸 姓名牌 彩色笔1盒 黄色和红色小球各1只 小组用照片资料（上小节活动照片1组） 录音笔3支 签到表 签字笔 观察记录表1份

续表

时间	环节名称/目的	内容	所需物资
10分钟	签到	组员签到，分发姓名牌	签到表 签字笔 姓名牌
10分钟	小组回顾：上小节活动内容回顾	（1）欢迎组员，介绍本次活动时间和地点。 （2）播放上次活动照片，引导组员回顾上小节小组聚会的内容：游戏、我的爱情与婚姻、小组总结（该环节结束即撤掉电脑和投影仪）。 （3）介绍本次主题与内容	上次活动内容照片 "我们的约定"大白纸
10分钟	"我的优点"热身游戏：增强组员自信	社工选择神秘组员，其他组员一起帮其找优点（协助社工帮忙写在大白纸上）	大白纸 彩色笔
30分钟	我的困难与伟大： （1）正视自身生命中的低谷，增强自尊； （2）回顾自身生命中较有成就感的时刻，增强自信	（1）轮流与其他组员分享自身生命中较困难的时刻，以及生命中较有成就感的时刻，讲述故事及感受。 （2）手持黄色球（代表希望），分享生命中有成就感的时刻或事件；手持红色球，分享生命中较困难的时刻或事件。引导组员从困难中看到自己的优点。 （3）鼓励其他组员认真聆听并给予回应	黄色球和红色球各一个
10分钟	总结：小节活动总结与分享	（1）总结本次小组活动内容： ①每位组员以一句话总结小组活动内容，分享参与感受； ②每位组员总结完毕，其他组员以掌声鼓励。 （2）预告下次聚会主题——毕业典礼	
30分钟	服务检视：工作人员总结	（1）待组员离开后，工作人员检视卫生及安全情况。 （2）工作人员总结本小节活动情况	观察记录表

第6小节　　　　　毕业典礼

（一）目标

（1）总结与回顾小组历程。

（2）沉淀小组经验。

（二）流程

时间	环节名称/目的	内容	所需物资
20分钟	活动前准备	（1）布置场地。 （2）核对分工情况。 （3）核对物资	横幅 磁条 工作纸（我的约定、我的优点） 姓名牌 彩色笔1盒 小组用照片资料（整场活动照片1组） 录音笔3支 签到表 签字笔 观察记录表1份 纪念品7份 毕业证7份 茶点1批
10分钟	签到	组员签到，分发新的姓名牌（挂有玩偶）	签到表 签字笔 姓名牌（挂有玩偶）
10分钟	小组回顾：上小节活动内容回顾	（1）欢迎组员，介绍本次活动时间和地点。 （2）播放前五次活动照片，引导组员回顾整场小组聚会的内容，鼓励组员每人分享一个自己印象最深刻的片段（此环节结束即撤掉电脑和投影仪）。 （3）介绍今日主题与内容	前五次活动内容照片 "我们的约定" 大白纸
30分钟	我的愿望：回忆过往憾事或最想做的事情	（1）鼓励组员回忆曾经拥有但未曾实现的愿望，思考现在是否还怀有这个愿望。 （2）引导组员一起讨论在当前情况下怎么去实现或弥补，让自己没有遗憾。 （3）鼓励组员回应与支持。 （4）解释新的姓名牌及玩偶寓意：期待今天后的自己是新的自己，能正视自身过往的每一个事件和经历，关心现在的自己，让自己的人生更精彩	白色A4纸 彩色笔1盒 茶点1批

时间	环节名称/目的	内容	所需物资
10分钟	毕业典礼：颁发毕业证书	（1）社工宣读毕业证书的内容，邀请组员一一上台，邀请社区书记颁发毕业证书。 （2）工作人员拍照留念。 （3）大合影	毕业证书
10分钟	总结：小节活动总结与分享	（1）总结本次小组活动内容： ①每位组员以一句话总结小组活动内容，分享参与感受； ②每位组员总结完毕，其他组员以掌声鼓励。 （2）宣告正式聚会结束，预告下次聚会主题——生命故事册	
30分钟	服务检视：工作人员总结	（1）待组员离开后，工作人员检视卫生及安全情况。 （2）工作人员总结本小节活动情况	观察记录表

第7小节　　　　　　　生命故事册

（一）目标

（1）入户探访组员，赠送生命故事册。

（2）评估小组活动成效。

（二）流程

时间	环节名称/目的	内容	所需物资
11月15日结束前	探访前准备： （1）整理小组活动资料； （2）制作生命故事册	（1）将每一位组员收集来的照片及相应故事资料进行整理，形成初稿。 （2）与组员一一沟通，协调确定生命故事册内容与名字。 （3）联系印刷公司印制生命故事册。 （4）照片冲洗：每位组员1张毕业典礼单人照、1张毕业典礼大合照	照片资料 录音资料
11月17日结束前	预约探访时间	介绍探访目的，与组员预约具体的探访时间	

时间	环节名称/目的	内容	所需物资
30分钟	个别探访： （1）赠送生命故事册； （2）评估小组活动成效	（1）介绍生命故事册内容，赠送生命故事册1本及活动照片2张。 （2）个别访谈：评估小组活动成效。 （3）感谢组员的支持与参与，给予其美好祝愿	生命故事册 活动照片2张 个别访谈提纲 生命故事册签收表
30分钟	工作人员总结	（1）工作人员总结本次探访情况。 （2）所有探访完成后，总结总体探访情况及成效评估情况	活动评估表 观察记录表

小组2 "脑"有所乐——脑退化老人现实导向小组

一、基本信息

小组名称："脑"有所乐——脑退化老人现实导向小组

小组对象：患有中度以上脑退化症的老年人

小组人数：6人

小组时间：2015年12月

小组地点：福利中心小组室

小组性质：治疗性小组

小组节数：共5小节

负责社工：佃社工

人手编排：主带社工1名，协助社工2名

二、背景

福利中心患有脑退化症的老年人随着年龄增长，近年来人数有所增加。该病目前无法治愈，只能通过药物和训练缓解症状。社工与医护人员合作开展的认知退化筛查结果显示，目前患有该病的老年人多有中重度认知退化。重度脑退化症患者的主要需求为护理，社工可介入的空间较小，故社工选择的介入群体主要为中度脑退化症群体，此类人群平时能得到的服务也较少。

基于此，经过初步筛选，目标服务对象平均年龄80岁，对现实的感应逐步退化，与人交流能力较弱，身体活动能力较差，需要借助轮椅、拐杖、他人辅助或极缓慢行走才能行动，同时多罹患各类慢性病。

王爷爷，中重度认知退化，有保姆照顾，社工与其面谈，王爷爷基本无反应，保姆希望社工让王爷爷试着参加小组活动。

张奶奶，中度认知退化，有保姆照顾，对现实环境的境况需要保姆提醒才能理解。其保姆在训练和维持张奶奶的认知方面较有经验。

林奶奶，中度认知退化，有保姆照顾。社工与其面谈时，她说的都是过去她在大学时有关的生活片段，对于当下的认知较弱。

赵奶奶，中度认知退化，听力较弱。

孙奶奶，自称被查出有脑退化症，社工与其面谈时她经常跑题，无法集中注意力。她是唯一一位承认自己有脑退化症的老人，并表示愿意参加社工的活动以维持记忆。

田奶奶，中度以上认知退化，同时患有帕金森病，谈话时有时会退回过去的某些片段。

李奶奶，在目标服务对象中年龄较小，活动能力较好，有轻度认知退化迹象，如遗忘事情的概率比去年提高了很多，其表示也想参加活动以维持记忆。

社工拟为此类中度脑退化老人开展现实导向小组活动，期望给他们适量的感官刺激，以延缓退化，同时增进他们表达和沟通的机会。

三、理论架构

现实导向小组隐含的假设是，倘若向老人提供持续的刺激和适当的环境提示，帮助他们重新弄清楚自己目前身在何方，可能会有助于阻止老人的记忆力丧失。

在小组运用环境导向要素，设计环境导向板，便于服务对象辨识年、月、日、星期、地点、天气等。小组的5小节活动分别是视觉、听觉、味觉、触觉、嗅觉方面的主题，当中设计了能引发服务对象联想现实记忆的元素。此外，该小组的另一个目的是增强服务对象的社交能力，提供沟通机会，故而小组中设计了能促进沟通的环节。

四、目的与目标

（一）目的

为服务对象提供认知训练，并鼓励其参与社会交往活动，增强其对现实环境的辨识度，缓解病情。

（二）目标

通过小组活动，服务对象在引导下能够做到：

（1）对环境的刺激（视觉、听觉、味觉、触觉、嗅觉）有所回应；

（2）辨识当天的环境状况（时间、位置等）；

（3）与组员进行简单互动。

五、小节安排

节序	日期/时间	主题/目标	人员分工
1	12月1日 9：00—10：10	主题：看一看。 目标：组员能在引导下表达自己看到的；组员能在引导下表达当下的环境状况	主持：佃社工 协助：钟社工、李社工
2	12月4日 9：00—10：10	主题：听一听。 目标：组员能在引导下表达自己听到的；组员能在引导下表达当下的环境状况	主持：佃社工 协助：钟社工、李社工
3	12月8日 9：00—10：10	主题：尝一尝。 目标：组员能在引导下表达自己尝到的味道；组员能在引导下表达当下的环境状况	主持：佃社工 协助：钟社工、李社工
4	12月11日 9：00—10：10	主题：摸一摸。 目标：组员能在引导下表达自己摸到的；组员能在引导下表达当下环境的状况	主持：佃社工 协助：钟社工、李社工
5	12月16日 9：00—10：10	主题：闻一闻。 目标：组员能在引导下表达自己闻到的；组员能在引导下表达当下的环境状况	主持：佃社工 协助：钟社工、李社工

六、小组评估

序号	评估项	评估指标	评估方法
1	出席人数	不少于4人	现场观察及签到
2	目标	组员在引导下能： （1）表达看到的； （2）表达听到的； （3）表达尝到的； （4）表达摸到的； （5）表达闻到的； （6）与其他组员简单互动； （7）辨识当下环境	现场观察
3	满意度	不适用	
4	文档记录	文档记录及时、完整	检查文档资料

七、困难预估

序号	预计困难	解决方法
1	工作人员人手安排紧张	因组员情况比较特殊，需较多协助人手在现场，以一对一或一对二为佳，故需提前安排好协助社工，同时需邀请组员的保姆或护工一起协助开展小组活动
2	组员因身体情况无法出席	无较佳解决方案，无论每次来多少组员，社工都按原定计划开展活动。对于因身体较弱而无法到场的老人，可考虑在未来以个案的方式提供服务

八、小组小节计划

第1小节　　　　　　　　　　　看一看

（一）目标

（1）组员能在引导下表达自己看到的。

（2）组员能在引导下表达当下的环境状况。

（二）流程

时间	环节名称/目的	内容	所需物资
10分钟	开场	（1）主持人做自我介绍。 （2）开场白。 （3）邀请组员做自我介绍	名牌
15分钟	拼图游戏：锻炼组员动手、识别能力	（1）主持人称呼各组员名字及派发一套拼图。 （2）邀请组员完成拼图。 （3）根据组员的能力可以派发6格或9格拼图	拼图
20分钟	互动环节：引导组员进行表达	（1）主持人使用"5W1H"（What，When，Where，Who，Why，How）法向组员提出与拼图有关问题。以拼图中的筷子为例，可以问"它是什么形状、什么颜色，一般在什么时候使用，可能会放在什么地方，谁会用到它，为什么要用它，怎么使用它"，其他物品以此类推。 （2）如气氛热烈，可鼓励组员间进行双向沟通。 （3）需注意组员理解力，如转换问题后组员仍回答不了，则应给予其多一些沟通机会	

时间	环节名称/目的	内容	所需物资
10分钟	重复拼图游戏	邀请组员再次完成拼图，如时间允许，主持人可继续重复上一环节内容	
10分钟	鼓励与赞赏：肯定组员好的行为	主持人逐一肯定组员的投入和行为表现	
5分钟	今日提醒：让组员能知道当下的环境状况	（1）使用问句向组员提出问题，维持其基本记忆（包括当天的年月日、星期几、地点在哪、天气怎样等）。 （2）活动结束后社工向组员派发小组日程表贴士	导向板/黑板 小组日程表贴士

第2小节　　　　　听一听

（一）目标

（1）组员能在引导下表达自己听到的。

（2）组员能在引导下表达当下的环境状况。

（二）流程

时间	环节名称/目的	内容	所需物资
10分钟	自我介绍	（1）主持人做自我介绍。 （2）开场白。 （3）邀请组员做自我介绍	姓名牌
10分钟	回顾	（1）主持人称呼各组员名字。 （2）回顾上一小节的活动，展示上次拼图中的物品	彩色打印纸
30分钟	听音辨器：引导组员表达对物品的认识	（1）主持人在一块挡板后将玩具琴、收音机、钥匙、筷子、碗、勺子、弹珠等物品取出，并发出声音，邀请组员推测是何物品。 （2）主持人可适当运用描述语言提醒组员。 （3）让组员猜出是何物并不是最重要的，而是引发组员对现实环境的关联记忆及表达	玩具琴 收音机 钥匙 筷子 碗 勺子 弹珠 提问提纲

续表

时间	环节名称/目的	内容	所需物资
15分钟	分享：组员能在引导下表达对声音的记忆	询问组员喜欢听到什么声音，分享与这些声音有关的生活事例	
5分钟	今日提醒：引导组员了解现实环境情况	使用问句向组员提出问题，维持基本记忆（包括当天的年月日、星期几、地点在哪、天气怎样等）	导向板/黑板

第3小节　　　　　　　　　尝一尝

（一）目标

（1）组员能在引导下表达自己尝到的味道。

（2）组员能在引导下表达当下的环境状况。

（二）流程

时间	环节名称/目的	内容	所需物资
15分钟	自我介绍	（1）主持人做自我介绍。 （2）开场白。 （3）邀请组员做自我介绍。 （4）主持人称呼各组员名字，并与他们握手。 （5）邀请每位组员与左右的组员互相介绍和握手	姓名牌
35分钟	水果拼盘：组员能在引导下表达对水果的认识	（1）将水果逐一放在密封盒中。 （2）向组员展示有各种水果的挂图，并请他们选择一个自己喜欢的图案。 （3）询问组员这种水果的特点、形状、颜色，以及能否想起这种水果的味道、味道是怎样的。 （4）将密封盒打开，让组员品尝。 （5）询问组员水果的味道。 （6）由水果引出其他话题，如出产地、季节、如何选购、现在的时令水果等。 （7）需要留意有糖尿病的老人是否可以食用所准备的水果	橘子 香梨 龙眼 圣女果 火龙果 冬枣 一次性碗 牙签 托盘 保鲜盒 水果图片
15分钟	鼓励与赞赏：肯定组员好的行为	主持人逐一赞赏组员刚才的表现，并重复他们说的内容	

续表

时间	环节名称/目的	内容	所需物资
5分钟	今日提醒：引导组员了解现实环境情况	使用问句向组员提出问题，维持基本记忆（包括当天的年月日、星期几、地点在哪、天气怎样等）	导向板/黑板

第4小节　　摸一摸

（一）目标

（1）组员能在引导下表达自己摸到的。

（2）组员能在引导下表达当下的环境状况。

（二）流程

时间	环节名称/目的	内容	所需物资
15分钟	自我介绍	（1）主持人做自我介绍。 （2）开场白。 （3）邀请组员做自我介绍。 （4）主持人称呼各组员名字，并与他们握手。 （5）邀请每位组员与左右的组员互相介绍和握手	名牌
35分钟	猜猜看：引导组员触摸物品，说出物品的特征	（1）主持人事先将碗、筷、勺、衣夹、毛巾、书、玩具球放到黑色袋子里。 （2）逐一邀请组员从袋子中触摸一件物品，并猜一猜是什么物品。 （3）主持人事先准备提问提纲，用于提醒和增加组员表达的机会	碗 筷 勺 衣夹 毛巾 书 玩具球 提问提纲
15分钟	鼓励与赞赏：肯定组员的好行为	主持人逐一赞赏组员刚才的表现，并重复他们说的内容	
5分钟	今日提醒：引导组员了解现实环境情况	使用问句向组员提问，维持基本记忆（包括当天的年月日、星期几、地点在哪、天气怎样等）	导向板/黑板

第5小节		闻一闻	

（一）目标

（1）组员能在引导下表达自己闻到的。

（2）组员能在引导下表达当下的环境状况。

（二）流程

时间	环节名称/目的	内容	所需物资
10分钟	自我介绍	（1）主持人自我介绍。 （2）开场白。 （3）邀请组员做自我介绍。 （4）主持人称呼各组员名字，并与他们握手。 （5）邀请每位组员与左右的组员互相介绍和握手	姓名牌
35分钟	闻味识物： 引导组员闻味道辨识物品	（1）主持人事先将香水、黑醋、白醋、酱油、水、酒装到各个小瓶中。 （2）给每个组员分一个小瓶，邀请其闻一闻味道。 （3）请组员分辨左右的组员手持的东西是什么，引发他间的对话。 （4）由于本小节的物品多与调料有关，社工可多邀请组员分享与烹饪有关的记忆	香水 黑醋 白醋 酱油 水 酒 玻璃瓶 提问提纲
15分钟	鼓励与赞赏：肯定组员好的行为	主持人逐一赞赏组员刚才的表现，并重复他们说的内容	
5分钟	今日提醒：引导组员了解现实环境情况	使用问句向组员提出问题，维持基本记忆（包括当天的年月日、星期几、地点在哪、天气怎样等）	导向板/黑板
5分钟	结束语：祝福与预告	社工感谢组员的参与，同时向组员预告，来年可继续参加"'脑'有所乐"第二期	

第二节　活动方案范例

活动1　轮椅老人趣味运动会活动

一、基本信息

活动名称：轮椅老人趣味运动会活动

活动对象：有一定动手能力的轮椅老人

活动时间：2018年4月

活动地点：颐养院多功能厅

活动人数：20人

负责社工：吴社工

人手编排：4名社工，30名义工

二、背景

颐养院内有一群特殊的老人，轮椅和助行器是他们的主要出行工具。他们不像自理老人能够自主参加各种活动，但也不至于像卧床的全特护老人那样完全不具备参与活动的能力。他们和自理老人一样，有参加活动和保持社交的基本需求，但由于身体条件的限制，他们多数时间只能在自己的房间内，活动范围较小，生活模式单一。社工平时开展活动的时候，经常会听到这部分轮椅老人问："有没有义工来推我们去参加活动？"反映了他们内心其实是非常渴望能走出房间参加活动的。此外，由于自身条件受限，需要依赖护理员或其他工作人员的情况较多，这部分轮椅老人很多都存在着自我认同感不足、自信心不强的问题，社工探访的时候常听到他们说，自己现在没有用了，什么都做不了。

活动理论认为，活动水平高的老年人比活动水平低的老年人更容易感到生活满意和更能够适应社会。因此，社会工作者不仅要在态度和价值取向上鼓励老年人积极参与他们力所能及的社会活动，而且需要为老年人的社会参与提供较多的条件和机会。社工策划并举办轮椅老人趣味运动会，不仅为轮椅老人创造了参与社会活动的机会，还能让他们在活动中得到锻炼，提升自我认同感，树立积极的生活态度，更好地度过晚年生活。

举办轮椅老人趣味运动会，能为轮椅老人提供活动机会，帮助他们丰富生活。同时，运动会以分组积分的形式进行，能使轮椅老人在团队合作的过程中增加与其他轮椅老人及义工的互助和交流，为轮椅老人搭建社会交往的平台。在运动会中，还能促使轮椅老人在竞技运动的过程中挖掘自己的潜能，通过获取激励和他人的肯定来提升自信心和自我认同感。

三、目的与目标

（一）目的

丰富轮椅老人的日常生活，提升他们的自我认同感。

（二）目标

（1）至少80％参加运动会的轮椅老人认为活动丰富了他们的生活。

（2）至少50％参加运动会的轮椅老人认为自己是团队中重要的一员。

（3）至少80％参加运动会的轮椅老人认为通过活动获得了愉悦的体验。

四、活动安排

阶段	时间	环节名称	具体内容	人员分工	物资
前期准备	3月5日—16日	确定活动方案	（1）撰写活动计划书。 （2）设计游戏项目。 （3）游戏体验及修改	吴社工	
	3月19日—30日	活动人员招募	（1）招募活动参与对象（20人）。 （2）招募活动协助义工（30人）	吴社工 吕社工 邹社工	
	4月2日—6日	活动物资购买	购买游戏道具及活动奖品	吴社工	
活动安排	4月11日下午	动员大会及游戏体验	（1）布置活动场地。 （2）义工抽签分组。 （3）参赛老人抽签分组，老人与义工一一组队。 （4）社工向义工及老人说明比赛规则。 （5）轮椅老人游戏体验。 （6）清点、整理活动物资	吴社工 吕社工 邹社工 易社工	桌椅 游戏道具 白板 白板笔 签到表 签字笔 登记表等

阶段	时间	环节名称		具体内容	人员分工	物资
	4月12日 14：00— 14：30	场地布置		（1）布置活动场地。 （2）游戏道具就位	吴社工 吕社工 邹社工 易社工	桌椅 游戏道具
	4月12日 14：30— 15：00	义工培训		（1）义工分组。 （2）明确各组义工的职责、协助内容	吴社工	活动流程表
	4月12日 15：00— 15：30	运动员入场		（1）义工到房间把老人推到活动场地。 （2）社工向老人及义工介绍游戏规则	吴社工 吕社工 邹社工 易社工	纸条 分组登记表
	4月12日 15：30— 15：45	开幕式		（1）运动员方队入场。 （2）领导致开幕词	吴社工 吕社工 邹社工 易社工	麦克风 PPT
活动安排	4月12日 15：45— 16：45	个人项目	活力沙包	（1）在红线外投沙包，沙包落在镖盘上的50、30、20、10上得分分别为5分、3分、2分、1分。 （2）每人有3次机会，取最高分	吴社工 2名义工	沙包道具1套 笔
			超级保龄球	（1）在红线外投保龄球，击倒几个球得几分，击不倒不得分。 （2）每人只有2次机会，取最高分	吕社工 3名义工	保龄球道具1套 笔
			一分钟投篮	在红线外投球，每人可投5个球，投进几个球得几分，投不进不得分	邹社工 3名义工	篮球架1个 皮球5个
			互动投球	老人在红线外投乒乓球，义工在固定的圆圈内用桶接球，每人有10个球，接到几个球得几分	易社工 3名义工	桶2个 乒乓球10个

续表

阶段	时间	环节名称		具体内容	人员分工	物资
活动安排	4月13日 8：30—9：30	场地布置		（1）布置活动场地。（2）活动物资就位	吴社工 吕社工 易社工	游戏道具
		运动员入场		（1）义工把老人推到活动现场。（2）社工向老人及义工说明游戏规则		音箱 麦克风
	4月13日 9：30—10：30	团体项目	趣味接力赛	第一棒：用羽毛球拍赶皮球过指定通道。第二棒：夹玻璃珠（10颗）。第三棒：画龙点睛（老人蒙眼、义工指引画眼睛）。第四棒：弯道捡物。第五棒：投篮。每一棒完成任务后需与下一棒运动员击掌完成交接，根据每个队伍所用的时间排名记分，第一名得5分，第二名得3分，第三名得1分，第四名不得分	3名社工负责拍照、整场秩序维持、处理突发事件等 6名义工	羽毛球拍1副 皮球1个 盆子2个 玻璃珠10颗 白板1个 白板笔1支 眼罩1个 篮球架1个 笔
			粘球大作战	（1）4队运动员两两对决，抽签决定分组。（2）义工穿上粘球背心，老人每人手上有5个粘球，在5分钟内进行混战，老人用粘球"攻击"对方义工（把球粘到义工的背心上），义工只能躲避不能"攻击"。（3）根据各队义工身上的总球数排名记分，球越多，排名越靠后，第一名得5分，第二名得3分，第三名得1分，第四名不得分	4名义工	粘球背心 粘球 笔

阶段	时间	环节名称		具体内容	人员分工	物资
活动安排	4月13日 9：30— 10：30	团体项目	珠行万里	（1）队员通过U形槽接力，把球传到指定位置，中途不能用手接触球，按所用时间登记排名，第一名得5分，第二名得3分，第三名得1分，第四名不得分（如用手接触球或球掉地上则需从头开始）。（2）抽签决定先后顺序	2名义工	珠行万里游戏道具1套 秒表
	4月13日 10：30— 10：40	全体项目		（1）全体运动员共同用绳子控制毛笔，在水写布上写下"自强"两个字。（2）每名社工抽选2～3名参与活动老年人访谈了解其在活动中的感受、收获及建议等	吕社工、易社工及10名义工协助老人完成团队项目 吴社工统计分数	神笔马良道具1套
	4月13日 10：40— 10：50	闭幕式		（1）领导致辞。（2）颁奖（优秀团队1个、优秀个人3名、参与奖20名）。（3）邀请获奖团体代表及优秀个人分享活动中的感受、收获及建议等	所有参与活动的社工及义工	麦克风 背景PPT 奖品
	4月13日 10：50— 11：10	场地清理		（1）社工引领义工把老人送回房间。（2）其余社工清理活动场地	所有参与活动的社工及义工	
活动跟进	4月13日 11：10— 11：40	总结会议		社工引导义工，邀请福利中心分管协助工作人员，总结服务经验及需要改进之处	所有参与活动的社工及义工	

续表

阶段	时间	环节名称	具体内容	人员分工	物资
活动跟进	4月14日18：00前	资料整理	（1）统计活动参与人数。 （2）统计活动反馈问卷调研结果及对义工的观察。 （3）筛选活动照片。 （4）将所有数据资料发送给吴社工	吴社工 吕社工 邹社工 易社工	数据照片
	4月15日前	活动通讯	将本次活动通讯发给社工机构宣传部门及福利中心负责宣传的工作人员	吴社工	推文
	4月18日前	总结报告	完成总结报告并依照社工机构相关程序存档	吴社工	总结报告

五、活动评估

序号	评估项	评估指标	评估方法
1	出席人数	至少有20名老人、30名义工参加活动	活动签到表
2	目标	（1）至少80％参加运动会的轮椅老人认为活动丰富了他们的生活。 （2）至少50％参加运动会的轮椅老人认为自己是团队中重要的一员。 （3）至少80％参加运动会的轮椅老人认为通过活动获得了愉悦的体验	活动反馈调查问卷
3	满意度	不低于85％	活动反馈调查问卷
4	文档记录	文档记录及时、完整	检查文档资料

六、困难预估

序号	预计困难	解决方法
1	义工在活动过程中给老人"放水",导致游戏通过率过高	提前做好义工培训,说明本次趣味运动会与以往开展的游园会的区别,要求义工严格遵守游戏规则,维护运动会的竞技性
2	游戏难度过高或过低,难以拉开各组的差距	提前进行游戏体验,并与报名参加活动的老人进行接触,评估老人的能力水平,然后根据老人的实际情况调整游戏规则

活动2 世界阿尔茨海默病日社区教育活动

一、基本信息

活动名称:世界阿尔茨海默病日社区教育活动

活动对象:老人、照顾者等

活动时间:2018年9月21日

活动地点:深圳市11个社区

活动人数:500人及以上

负责社工:佃社工,刘社工

人手编排:11名社工,30名义工

二、背景

9月21日是世界阿尔茨海默病日。在这一天,全世界多个国家和地区会组织一系列活动,提高公众对阿尔茨海默病的关注及预防。

阿尔茨海默病是一种起病隐匿的进行性发展的神经系统退行性疾病。初期以海马体为主要萎缩的地方,最后会扩展至整个大脑,导致大脑严重萎缩。与正常大脑相比,萎缩后的大脑重量是正常大脑的三分之一。临床上表现为记忆力、计算力、判断力、注意力、抽象思维能力、语言功能减退,情感和行为障碍,独立生活和工作能力丧失等,病因迄今未明。

深圳鹏星社工自2008年起开始关注及服务此类群体,并在此后推行非药物干预计划,在院舍及社区推行,获得多个单位的支持和肯定。本次计划于9月21日世界阿尔茨海默病日在深圳市11个社区开展社区教育活动。社区教育活动是运用本社区教育、文化等资源，面向本社区全体公民，以促进本社区人的发展与社区发展为目标的各类活动，为社区社会工作常用的一种方法，通过各类有教育性质的活动向公众宣传和倡导相关知识和意识。活动拟运用知识手册投放、签名倡导、知识问答、互动体验等方式向公众宣传阿尔茨海默病相关知识，提升社区居民对该病的认识和了解，避免误区，倡导居民消除对患者的歧视。

三、目的与目标

（一）目的

增加老人、照顾者等社区居民对阿尔茨海默病的了解，澄清误区，消除歧视。

（二）目标

（1）在11个社区投放500份及以上阿尔茨海默病知识手册及照顾手册。

（2）服务对象愿意在消除歧视的倡议书/签名墙上签字者达100人及以上。

（3）服务对象在阿尔茨海默病知识问答中的答对率达60％及以上。

四、活动安排

阶段	时间	环节名称	具体内容	人员分工	物资
前期准备	8月中旬至下旬	方案、宣传品设计、筹备	（1）设计"921"活动，准备方案。 （2）设计明信片、宣传折页。 （3）联系和邀请11个社区同时启动"921"活动宣传。 （4）其他准备工作	佃社工 刘社工	方案 明信片 宣传折页
	9月7日	针对社工进行培训	对参与"921"活动的11个社区负责社工进行培训，内容如下： （1）阿尔茨海默病相关知识； （2）社区宣传教育活动基本概念； （3）活动方案设计； （4）讨论"921"活动方案及完善	佃社工 刘社工	PPT 视频 投影

续表

阶段	时间	环节名称	具体内容	人员分工	物资
前期准备	9月19日	针对义工进行培训	对参与"921"活动的30名义工进行培训，内容如下： （1）阿尔茨海默病相关知识； （2）本次活动的目标和意义； （3）答疑	吕社工	PPT 视频 投影
	9月20日前	征集主题作品	征集与阿尔茨海默病主题相关的文章、书画等老年人原创作品	刘社工	
	9月21日前	11个社区筹备工作	（1）准备各个活动区内容。 （2）向协助人员说明"921"活动流程安排及任务分工	11个社区负责社工	宣传折页 活动道具
活动安排（以F社区为例）	9月21日8：00—9：30	准备工作	清点物资，布置各个宣传区域，安排协助人员到位	刘社工	
	9月21日9：30—12：00	宣传区	（1）派发《认识阿尔茨海默病》《阿尔茨海默病照顾者手册》。 （2）引导服务对象查看易拉宝宣传内容。 （3）引导服务对象观看宣传片《为爱正名》《阿尔茨海默病，你所不知道的事》	刘社工 2名义工	宣传折页 易拉宝 笔记本电脑 视频
	9月21日9：30—12：00	主题展区	展示征集到的与阿尔茨海默病主题相关的书画、征文等原创作品	李社工 2名义工	老人作品
	9月21日9：30—12：00	益智区	由义工陪伴老人玩益智游戏，可选游戏如： （1）运算题； （2）脑筋急转弯； （3）雪花片； （4）蘑菇钉； （5）方块之谜	梁社工 10名义工	黑板 粉笔 脑筋急转弯题目 雪花片道具 蘑菇钉道具 方块之谜道具

续表

阶段	时间	环节名称	具体内容	人员分工	物资
活动安排（以 F 社区为例）	9 月 21 日 9：30—12：00	体验区	通过视觉、触觉等感官体验来感受阿尔茨海默病患者感官能力缺失的世界。例如： （1）戴上胶皮手套，在暗箱中触摸物品并猜测是何物品； （2）展示有颜色的字群，让服务对象说出颜色	吴社工2 名义工	胶皮手套暗箱一次性杯子游戏道具等
	9 月 21 日 9：30—12：00	问答区	设置有奖知识问答题，4 题中答对 3 题即可发放小奖品	吕社工张社工2 名义工	问答题奖品
	9 月 21 日 9：30—12：00	签名墙	（1）设置签名墙，倡导关爱阿尔茨海默病患者，消除歧视。 （2）签名的人可获得本活动纪念明信片一张	吕社工2 名义工	明信片签名墙马克笔
活动跟进	9 月 21 日活动结束后	总结会议	11 个社区根据需要召开总结会议，总结好的部分及需要改善的部分	11 个社区负责社工	
	9 月 21 日 18：00 前	资料整理	（1）统计活动参与人数。 （2）统计问题答对率。 （3）统计签名墙签名数量。 （4）整理活动照片。 （5）将以上资料发送给吴社工统一整理	11 个社区负责社工	数据照片
	9 月 22 日前	机构推文	将本次活动推文发给社工机构宣传部门，由宣传部门负责发布	吴社工社工机构宣传部门人员	推文
	9 月下旬	总结报告	各社区完成总结报告并依照机构相关程序存档	佃社工11 个社区负责社工	总结报告

五、活动评估

序号	评估项	评估指标	评估方法
1	出席人数	不少于500人	观察现场人数 查看宣传资料派发份数
2	目标	（1）投放宣传资料不少于500份。 （2）在倡议书/签名墙上签字的居民达100人及以上。 （3）对阿尔茨海默病知识的填答/问答正确率达60％及以上	查阅现场派发宣传资料份数 查看现场签名居民数量 查阅填答问卷/现场观察回答效果
3	满意度	出席人员对活动满意度平均分在4分及以上（满分5分）	访谈服务对象/邀请服务对象填写满意度调查问卷
4	文档记录	文档记录及时、完整	查阅报告

六、困难预估

序号	预计困难	解决方法
1	活动在11个社区同时开展，而阿尔茨海默病知识并不是所有社区项目负责人都掌握的，需要规避因负责人不了解而导致宣传不正确信息的情况	（1）针对11个社区的负责社工和义工进行统一培训，要求所有人员都掌握阿尔茨海默病的正确知识。 （2）统一11个社区所使用的宣传资料
2	11个社区的资料收集方式不同，增加后期资料整理的工作量	活动前统一11个社区的资料收集方式，并指定资料汇总人员

第三节　老年人领域实务要点

中国已经进入老龄化社会，老年人是社会工作者在社区、养老院接触到的较常见的人群。社工在设计老年人小组和活动时，应了解老年人的特点，根据老年人的不同情况进行活动设计。

一、老年人的分类和特点

从年龄划分，老年人可分为低龄老年人（60～69岁）、中龄老年人（70～79岁）和高龄老年人（80岁及以上）。

与老年人密切相关的特别议题包括认知障碍、失能、失独、抑郁、空巢等。

二、常用理论及干预方法

常用理论：主要包括积极老龄化理论、优势视角理论、社会支持理论、活动理论、生命周期理论、生命回顾理论。

干预方法：主要包括怀旧治疗、叙事治疗、园艺治疗。

三、案例评析

本章精选了2个老年人小组案例及2个活动案例。

"话"出多彩人生——老年人怀旧治疗小组：针对社区空巢、独居老年人，利用怀旧治疗模式，引导老年人对过去生活中较重要、较难忘的时刻或事件进行回顾、讲述。在此过程中，社工一方面引导老年人合理宣泄不满、遗憾、焦虑等负面情绪，重新体验快乐、成就、尊严等多种有利于身心健康的情绪，帮助老年人找回自尊和荣耀；另一方面引导组员之间加强联结，促进组员之间相互支持。此类服务对于经历丰富、倾诉欲强但苦于无人聆听或理解的老年人来说，方法简单而有效。

"脑"有所乐——脑退化老人现实导向小组：运用现实环境导向要素，设计环境导向板，针对院舍内中度脑退化的高龄老年人，开展视觉、听觉、味觉、触觉、嗅觉五个主题的感官刺激，运用感官刺激引导现实记忆。此类服务对于脑退化老年人而言，紧缺、急需，且充分展现了老年人小组工作在延缓老年人脑退化非药物治疗干预中的专业辅导作用。

轮椅老人趣味运动会活动：针对院舍内需要轮椅和助行器辅助出行的老年人设计趣味运动会活动，此类老年人有一定自主活动能力，但将其放进普通老人服务中，又会相对凸显弱势。社工看到这一服务需求的空缺，策划其专属的趣味运动会，丰富轮椅老人生活；同时，在运动会中采用团队合作的形式，融入社交互动元素。由于服务对象的特殊性，活动环节细致周全，层层递进引导。在老年人服务设计中，安全、有尊严、有弹性及有支持是很重要的。

世界阿尔茨海默病日社区教育活动：在9月21日这一天，社工机构项目团队联动各社区社工，策划开展社区宣传倡导服务，以提高公众对阿尔茨海默病的关注及预防。服务设计不仅针对病症易感人群——社区老年人，也有针对社会大众的宣传、体验及倡导、呼吁。此类服务在人口老龄化趋势日益严峻的当下，急需且有必要。

四、设计要点

（一）环境选择

服务地点应就近设置洗手间，采用适老化布置；椅子尽量使用靠背椅，桌子下方需留出空间以便轮椅老人进出。

（二）设备支持

如果有听力较弱的老人，则建议社工使用话筒主持活动；印刷品、PPT等使用较大字体，必要时提供放大镜、助听器等辅助设备。

（三）活动设计

避免低幼化游戏设置，维护老年人的自尊心；社工在言语中应避免使用"老年人像小孩子"等带有年龄歧视的表达。

（四）活动带领

老年人拥有较多智慧和经验，社工应注意在活动过程中予以挖掘，并以优势视角鼓励和欣赏老年人，促进老年人的参与。

五、关键词总结

（一）自尊

在服务中注重维护老年人的自尊心。

（二）积极老龄化视角和优势视角

以积极的态度看待老年人的能力与贡献。

（三）适老化

服务设计与环境布置需符合老年人的身心特点。

（四）避免年龄歧视

避免在语言和行为中表现出对老年人的偏见。

六、思考题

（1）思考老年人小组的设计与活动有什么相同和不同的地方。

（2）参考范例，设计一个针对老年人防诈骗的社区教育活动。

第六章

残疾人领域服务方案

第一节　小组方案范例

小组　春田花花同学会——残障儿童及青少年城市探索与融入小组

一、基本信息

小组名称：春田花花同学会——残障儿童及青少年城市探索与融入小组

小组对象：10～18岁残障儿童及青少年（不包含视力残疾者，主要为肢体、智力、言语、听力、精神五类残疾中有行动能力、沟通能力及一定自理能力者；肢体残疾者需有一定的独立行走能力，乘坐轮椅者不超过30％）。

小组人数：16人

小组时间：2012年8月

小组地点：残疾人综合服务中心7楼活动室

小组性质：发展性小组

小组节数：共7小节

负责社工：李社工，张社工，罗社工

人手编排：主带社工3名，协助义工8名

二、背景

当前对残障儿童及青少年的关注主要是在医疗康复、义务教育等方面，主要关注他们身体的健康、知识的学习、智力的发展，但每个残障儿童及青少年作为个体，其健康成长并不仅仅包括这些方面，还应该包括良好道德品质的培养、健全人格的塑造以及正确人生观与价值观的养成等许多方面。社会学中社会化的视角正基于此，它研究一个个体如何在一定的社会条件下通过与社会的互动，从一个生物人转变成一个符合社会需要的社会人。

在工作中，社工发现残障儿童及青少年在成长过程中缺乏与不同个体、不同群体及不同文化之间的社会交往及配合过程，社会融入过程被阻断。在残疾人康复中心，高达约90％的会员在生活环境中缺少学校师长的教育及朋辈群体的相互学习和陪伴，而他们的父母也很少懂得如何去教育残障孩子融入城市生活、融入社会。超过半数的残障儿童及青少年由于身体客观条件的不方便、外在环境的限制以及主观认知的限制，常年在家，极少外出，成为城市中的"孤岛"。

鉴于此，社工面向社区 10～18 岁的残障儿童及青少年开展城市探索与共融小组，通过引导残障儿童及青少年走出家门，走到阳光下，进行城市学习与探索的小组工作方式，配合室内课程学习、城市模拟演练、实地探访，协助残障青少年在成长过程中学习城市生活技能，融入社区、融入城市。

三、理论架构

（一）优势视角理论

优势视角理论强调每个个人、团队、家庭和社区都有优势，残障儿童及青少年作为社会弱势群体，也拥有自己的优势，譬如能够较快得到他人的帮助和关爱，能够得到更多的关注等，这些都有利于其在社会中得到更多的支持和保护。

（二）社会学习理论

班杜拉认为，人的行为，特别是人的复杂行为主要是后天习得的。行为的习得既受遗传因素与生理因素的制约，又受后天经验与环境的影响。班杜拉认为，行为习得有两种不同的过程：一种是通过直接经验获得行为反应模式的过程，班杜拉把这种行为习得过程称为"通过反应的结果所进行的学习"，即我们所说的直接经验的学习；另一种是通过观察示范者的行为而习得行为的过程，班杜拉将其称为"通过示范所进行的学习"，即我们所说的间接经验的学习。班杜拉的社会学习理论所强调的是这种观察学习或模仿学习。

本小组设置有室内课程与模拟演练，邀请组员在观察、学习的过程中，获得直接经验。

通过小组，可以训练残障儿童及青少年城市生活的相关技能，诸如如何无障碍出行、如何乘坐公交地铁、如何在银行办理业务、如何在医院看病等。探访深圳市具有商业、生活及文化代表性的地方，以探寻"宝藏"这种生动、有趣的方式锻炼城市生活技能，增加残障儿童及青少年对城市生活的感性认识。通过城市学习与探索活动，增强残障儿童及青少年的社会交往能力和人际沟通能力，提升其自信心；促进他们的社会学习和社会化过程，让残障儿童及青少年学习如何使用城市公共设施与服务，如何参与城市生活，融入城市、融入社会。

四、目的与目标

（一）目的

提升残障儿童及青少年的城市生活技能；增强他们外出的信心和自主性。具体而言，使残障儿童及青少年熟悉城市道路与交通系统、信息系统，在公共设施的使用、城市生活基本规则的掌握、使用城市信息资源等维度上提高城市生活技能。

（二）目标

（1）文化适应：组员能识别城市常用标识，学会城市生活基本规则，掌握城市基本技能。

（2）结构性同化：组员能发展出新的人际关系，与人交往意愿增强。

（3）身份认同：组员能更接纳自我，增强自信心。

（4）参与公共生活：组员愿意参与社区、城市中的活动，能对城市问题有所思考、提出建议。

五、小节安排

节序	日期/时间	主题/目标	人员分工
1	8月5日 9：30— 12：00	主题：探索生命价值和潜能。 目标：组员间相互认识；组员探索生命价值和潜能；澄清小组目标；订立小组契约	统筹：李社工、张社工、罗社工 协助：8名义工
2	8月8日 9：30— 12：00	主题：无障碍出行。 目标：增强组员间的团队凝聚力及问题解决能力；让组员学会无障碍出行，学会地图使用方法，学会制定交通路线	统筹：李社工、张社工、罗社工 协助：8名义工
3	8月11日 9：30— 11：20	主题：城市常用标识。 目标：学习使用城市公交地铁系统，辨别与使用城市常用标识	统筹：李社工、张社工、罗社工 协助：8名义工
4	8月12日 9：30— 12：00	主题：城市生活规则。 上标：学会城市生活基本规则，学习人际交往规则；解决生活中常见的麻烦；增强组员间的团队凝聚力及问题解决能力	统筹：李社工、张社工、罗社工 协助：8名义工
5	8月18日 13：00— 19：00	主题：麦鲁小城。 目标：通过在麦鲁小城进行城市生活模拟、职业体验的方式，让组员复习城市生活规则和外出活动技巧，检验室内课程学习成果，并为之后的外出活动做好过渡准备	统筹：李社工、张社工、罗社工 协助：8名义工
6	8月25日 9：00— 16：00	主题：博物馆之旅。 目标：让组员前往博物馆，体验无障碍出行，使用城市公共资源，学习如何融入城市生活	统筹：李社工、张社工、罗社工 协助：8名义工

续表

节序	日期/时间	主题/目标	人员分工
7	8月26日 9：30— 12：00	主题：收获与成长 目标：回顾小组活动，小组活动结束，处理离别情绪；鼓励组员独立，与照顾者分享组员在小组中的收获与成长	统筹：李社工、张社工、罗社工 协助：8名义工

六、小组评估

序号	评估项	评估指标	评估方法
1	出席人数	不少于16人	每次活动都进行签到
2	目标	（1）文化适应：识别城市常用标识，学会城市生活基本规则，掌握城市生活基本技能。 （2）结构性同化：能发展出新的人际关系，与人交往意愿增强。 （3）身份认同：接纳自己的身体不便，增强自信心。 （4）参与公共生活：愿意参与社区、城市中的活动，能对城市问题有所思考、提出建议	根据社工在小组活动中的观察及分析； 通过实际检验和问卷调查的方式进行； 在每次活动的最后让组员分享体会和感受
3	满意度	不低于80%	通过问卷调查的方式进行
4	文档记录	文档记录及时、完整	每次活动后及时进行讨论与总结

七、困难预估

序号	预计困难	解决方法
1	残障儿童及青少年的残障程度和能力差别较大，使得小组活动不能顺利开展	招募时明确对残障类别和等级的要求，对每个报名对象进行严格的筛选，最好能提前见面或家访；筛选出来的组员要有较高的同质性

序号	预计困难	解决方法
2	家长对小组活动不放心，担心孩子不能独立外出，担心安全	邀请家长一起参加小组室内课程的学习，并在第一次活动结束后对组员的家长召开一个说明会，说明小组活动的目的和理念，并再次详细告知小组活动的安排和安全措施，让家长了解整个小组计划。在之后每次小组活动中邀请家长作为观察者参加活动，进入其孩子不在的小组观察，降低家长担忧，同时也让家长有机会看到孩子的成长
3	在活动进行过程中孩子出现哭闹等异常情况	先由主带社工负责处理，了解哭闹原因。若持续哭闹，则由协助义工将哭闹孩子带离活动现场，单独进行处理，以免影响小组活动的正常进行
4	孩子由于一些原因不愿意再参加小组活动	活动的设计应充分考虑趣味性，避免类似情况的产生。如果实在避免不了，则由和这个孩子比较熟识的协助义工了解具体原因，并予以解决
5	不能独立行走的残障儿童及青少年如何参与活动	尽量选择所有组员都能参与的活动。若有的环节部分组员不能参与，则可邀请其作为观察者观察该环节活动，活动带领者需关注他们作为观察者时的情况，并让其有机会分享观察所得
6	部分孩子在活动中感到困难，不能参与	设计活动的时候对于孩子的具体情况与能力要予以充分考虑，小组活动中工作人员适当协助，让孩子感到自卑与无助。每次小组活动后收集孩子的意见，评估孩子的学习与收获情况及参与情况，根据评估灵活调整小组活动内容
7	有较多的外出活动，如何避免意外？如何保障残障儿童及青少年的安全	外出前，在室内课程先讲授外出如何保护自身安全，以及遇到意外情况的处理方法；给组员发放的名牌背后写有家长和社工的联系方式；在外出时，给每个孩子准备一个求救锦囊，在遇到意外状况不能处理时可打开求救锦囊；同时每个外出小组配有经过训练的义工以及照顾经验丰富的家长，在孩子不能处理所遭遇的意外情况时，由义工和家长协助处理

八、小组小节计划

第1小节　　探索生命价值和潜能

（一）目标

（1）组员间相互认识。

（2）组员探索生命价值和潜能。

（3）澄清小组目标。

（4）订立小组契约。

（二）流程

时间	环节名称/目的	内容	所需物资
30分钟	破冰及自我介绍：社工与组员初步相识	播放短片《成长是什么》。短片结束后，主带社工等小组带领者做自我介绍，宣布小组活动正式开始。 （1）相识游戏：圈里圈外。 目的：使组员相互沟通，增进认识。 场地：空地，不需要道具。 时间：20分钟。 （2）游戏流程。 让所有人围成一个圈站立，从任意一人开始按照1，2，1，2，…的方式报数，若是单数，则带领者也参与进去。 让所有报1的人向圈内走一步后站好，此时场上形成分别由数字1、2组成的两个圈。所有为1的人向后转，调整距离与左右，与外圈报2的成员一一对应。 带领者解说规则：当带领者说开始介绍时，每个人向自己面前的人按照模板要求做自我介绍1分钟，从圈1的人开始说，圈2的人听；1分钟后交换，圈1的听，圈2的说，以此互相认识。2分钟之后，外圈的人都朝左边的方向移动一个位置，圈2的人与圈1的人面对面站好后，继续听从带领者口令，两人开始自我介绍。以此往复，直至圈1和圈2的所有人都相互认识。 圈1的人出来，与圈2成为并列站立的圈。5分钟时间内，所有圈1的人相互介绍，所有圈2的人相互介绍。 根据组员可能表达能力或者识字能力不是很好的情况，应鼓励组员按照模板说得越多越好，不一定都要说全，以免孩子没信心完成等。 可以给圈1或圈2的组员系上不同颜色的丝带等作为区别，以便组员记住包括社工在内哪些是圈1的和圈2的。 社工在活动前进行试玩和演练，可及时了解难易程度和效果。 （3）总结时可提出的问题。 ①谁能将对方圈子里的所有人的名字都记住？谁能记住2个圈子所有人的名字？ ②记住的人名最多的那个人采用的是什么方法？有什么特点？ ③怎样的自我介绍能让人记住并且印象深刻？ 注意：为了控制时间以及让成员在过程中学习人际交往的规则，在该环节，带领者可以适当地设计自我介绍的模板，如先握手，再说：你好，很高兴认识你。我叫××，今年××岁，我最喜欢……希望能和你成为朋友	音响设备 麦克风 投影仪 短片 小组介绍 PPT

时间	环节名称/目的	内容	所需物资
40分钟	跳格子：通过游戏方式了解组员过去外出的情况及遇到的障碍	（1）环节名称：跳格子。 （2）所需场地：空地一片，地上用彩带布置成12格×5格，每格为50cm×50cm大小。12格一边为底边即横坐标，每格依次标上1，2，3，…，12。5格一边为竖坐标，往上依次标识为：家；小区；学校；公园、博物馆、电影院、商场、超市；其他城市（广州、惠州、香港、北京等）。 　　若场地不允许，横坐标不用区分格子，只用5道长横格也可。 （3）游戏时间：40分钟。 （4）游戏流程说明。 　　将事先准备好的小旗子（红、黄、蓝）发放给每个组员，每人3个，且小旗的数字与组员的号码一致。 　　领到红旗后，组员对应地上的数字找到自己的所在位置，并且站在格子外面。 　　然后听从带领者的提问和指令：下面我有一些问题，需要大家回忆在这过去半年你的生活和外出情况，思考并且做出回答。问题可能会有一些难度，也有可能想不起来，记不清楚，这都没有关系，只要诚实回答就好。下面开始正式提问： 　　①请过去半年主要待在家里的小朋友往前走一格； 　　②请过去半年里每周都走出家门，到小区里行走、锻炼、活动的小朋友往前走一格； 　　③请过去半年里，有去过学校的小朋友往前走一格； 　　④请过去半年里，有去过公园、博物馆、电影院、商场、超市等公共场所并且一共加起来至少有3次的小朋友往前走一格； 　　⑤请过去一年里，有去过深圳之外的其他城市的小朋友往前走一格。 　　现在将蓝色小旗插在地上，这些小旗记录了你最远到过哪里。根据小旗和大家站的位置，总结与分享目前组员的外出情况。 　　现在我将再次请大家去思考：如果现在你有一双翅膀，你希望自己能去哪里？思考后，前进到你希望自己能去到的地方，并在你前进到的地方插上蓝色小旗。或许我们现在的格子不能完全表示所有的地方，如果你想飞得更远，也可以往前直走超过格子，到达你认为合适的地方为止。所有人站好后，分享自己想去的地方。	5块带图案的KT板作为竖坐标标识 48个小旗（16个红旗，16个蓝旗16个绿旗） 彩带4卷

时间	环节名称/目的	内容	所需物资
40分钟	跳格子：通过游戏方式了解组员过去外出的情况及遇到的障碍	现实世界里，人是没有翅膀的。怎么才可以让自己走得更远呢？怎么才能让我们更好地在这个城市中生活呢？这些都是需要思考和学习的。现在请大家都回到自己的红色小旗位置。站好后，请大家思考，从现在开始，如果给你两个月的时间去学习和实践，你期望自己在两个月之后可以去哪里？想到之后，请前进到你期望并且认为自己能到达的地方，插上绿色小旗。 通过跳格了环节每个组员插在地上的3个小旗，可让组员直观地看到自己"已经到达了哪里，最想去哪里，通过小组学习两个月之后希望自己可以到达哪里"。让组员直观地看到现实与希望之间的距离，通过一些方法和努力之后，是可以距离希望所在之地更近，甚至到达希望所在之地的。 引出障碍与无障碍的讨论	5块带图案的KT板作为竖坐标标识 48个小旗（16个红旗，16个蓝旗16个绿旗） 彩带4卷
30分钟	障碍连线——有障碍vs无障碍：通过游戏，让组员明白障碍给自己带来的阻碍，为了出行，在身心上需要做好准备	（1）环节名称：障碍连线——有障碍vs无障碍。 （2）场地：有黑板的场地。 （3）流程：将组员分成两组，一组为有障碍，一组为无障碍，两组分别讨论，并在海报纸上罗列出城市生活中阻挡残疾人出行的有障碍和无障碍。 讨论完后两组派发言人分享讨论结果，将有障碍与无障碍进行连线，将之一一对应。连线结束后没有对应的可以再补充。 （4）总结障碍与无障碍。 总结时可以提的问题： 你所知道的无障碍设施有哪些？使用过哪些？（可配合无障碍设施的PPT）。 除了设施给我们造成了障碍，还有哪些困难因素阻碍了我们的出行？ 你在外出中曾经遇到过哪些障碍？当时你是怎么应对这些障碍的？ 如果我们想自己出行，可能会面对的困难是什么？我们该做好什么准备	障碍与无障碍设施PPT
20分钟	认识小组：澄清小组目标，简要介绍小组的安排（时间、频次、每次主题等）	带领者向组员介绍小组小节数，每小节小组时间、主题等内容，一起探讨并澄清小组目标，将小组目标与组员个人目标相结合	投影仪 小组PPT

时间	环节名称/目的	内容	所需物资
20分钟	订立小组契约：让组员产生自我约束	（1）说明小组契约是什么以及为何要制定，所有人一起制定小组契约。 （2）制定小组契约的6个原则：共同订立，主体是我们，语义正面，自我实现，所有人签署，每次都张贴。 （3）向组员讲解并学习一个小组的暗号：C手势。 每当看到这个手势的时候表示我需要大家关注，所有人要停止说话或其他事情，并且也举起手做同样的C手势。当自己举起手做C手势之后，如果你身边还有人没注意到，请提示他或者等着他。直到所有人都举起手做C手势	2张海报纸 1支马克笔 1卷胶带
10分钟	小组总结：了解组员对小组活动内容的学习与吸收程度，收集对小组的意见和建议	（1）活动结束，告知下一小节活动时间及注意事项。 （2）填写小组每小节评估问卷。 备注：第一天上午组员的照顾者陪同组员来到之后，可在活动室另外一边观摩并旁听。之后的活动部分则不要求照顾者全程陪同	问卷16份

第2小节　　　　　　　　　无障碍出行

（一）目标

（1）增强组员间的团队凝聚力及问题解决能力。

（2）让组员学会无障碍出行，学会地图使用方法，学会制定交通路线。

（二）流程

时间	环节名称/目的	内容	所需物资
10分钟	幸福拍拍手：通过学习合唱《幸福拍手歌》进行热身，营造积极、活跃的氛围，温习小组契约	（1）环节名称：幸福拍拍手。 （2）场地：空地。 （3）时间：10分钟。 （4）流程： ①社工带领所有组员围成圈，一起学习合唱《幸福拍手歌》； ②随着音乐一边唱一边拍手舞动，齐唱2遍； ③带领组员回顾小组契约	音响设备

时间	环节名称/目的	内容	所需物资
40分钟	团队舞台秀：进行分组，建立组员的团队归属感	（1）环节名称：团队舞台秀。 （2）场地：空地。 （3）时间：40分钟。 （4）流程。 ①将组员按4人一组分成4组（工作人员结合组员情况提前将组分好），以后的活动也将按照这个分组来进行，时间为5分钟。 ②给15分钟时间，每个小组讨论出队名、口号、团队造型，4个人进行分工，分别担当"队长""安全大使""财务大臣""新闻发言人"。 ③每个小组在舞台上展示团队成果，每个小组时间为3分钟，共20分钟	
10分钟	一图识天下——交通轮廓图：初识深圳交通特点，引起组员兴趣	（1）环节名称：一图识天下——交通轮廓图。 （2）场地：有黑板的场地，将桌椅分成4组。 （3）时间：10分钟。 （4）流程：社工带领组员查看地图，了解深圳市的行政区域分布及道路特点	5份深圳市地图 黑板 粉笔
60分钟	识图高手：通过具体步骤，了解地图所承载的信息，掌握看地图的方法	（1）环节名称：识图高手。 （2）场地：有黑板的场地，将桌椅分成4组。 （3）时间：60分钟。 （4）流程。 ①介绍看图口诀：地图是个宝，上北下南找，索引读经纬，地铁莫忘掉。读后进行解释，讲授地图的使用方法，教导如何查找设计交通线路。时间共25分钟。 ②休息时间：全体组员休息5分钟，进行自由讨论、交流。社工预告接下来的小组活动内容。 ③小组练习：给每个小组一个目的地，在10分钟之后设计出交通线路，然后每个小组用5分钟时间（共20分钟）来分享。此环节共30分钟	"一图识天下"详细教案1份
30分钟	活动结束，总结本小节小组活动内容，布置家庭作业，对小组进行评估。	（1）宣布活动结束，布置家庭作业：每个人回家后通过看地图、上网、询问他人等方式，设计至少2条从家到活动中心的交通线路方案，在下一次活动时进行小组分享。 （2）告诉组员下一次活动时间、地点。 （3）对组员进行评估	家庭作业模板案例2份、问卷16份

第3小节　　　　　　　　　　城市常用标识

（一）目标

学习使用城市公交地铁系统，辨别与使用城市常用标识。

（二）流程

时间	环节名称/目的	内容	所需物资
20分钟	回顾上小节小组活动内容，引导组员进入本小节的学习	（1）以问答的形式回顾上小节小组活动内容，回答者均可获得小礼物。 （2）社工请组员分享家庭作业的内容，并讲一讲自己的外出故事，内容包括去了哪里、怎么去的、和谁去的等。尤其是对于有单独外出经历的组员，让其讲一讲自己一个人是如何安全外出的	礼物6份
10分钟	休息	休息10分钟	
60分钟	模拟演练：室内模拟学习交通安全标识	（1）社工收集组员的家庭作业中的交通安全标识，并向组员提问，让他们说出不同标识代表的意义。 （2）观看PPT，学习相关知识。 （3）在室内模拟乘车等场景，演练学到的安全知识	PPT 安全标识牌若干
20分钟	巩固经验，并布置家庭作业	（1）总结与分享本小节小组活动内容。 （2）宣布本小节活动结束，布置家庭作业：和爸爸妈妈一起分享我们今天学到的交通知识。 （3）对组员进行评估	问卷16份

第4小节　　　　　　　　　　城市生活规则

（一）目标

（1）学会城市生活基本规则，学习人际交往规则。

（2）解决生活中常见的麻烦。

（3）增强组员间的团队凝聚力及问题解决能力。

（二）流程

时间	环节名称/目的	内容	所需物资
10分钟	回顾上一次小组活动内容，温习小组契约	（1）环节名称：上下左右。 （2）场地：空地。 （3）时间：10分钟。 （4）流程：回顾上一次小组活动内容，分享家庭作业完成情况	
20分钟	破冰游戏：阐明规则的重要性	（1）环节名称：上下左右。 （2）场地：空地。 （3）时间：20分钟。 （4）流程。 ①在游戏中体会规则的重要性。 第一轮：跟着口令做动作，社工说"上"时，组员举起双臂；社工说"下"时，组员手臂向下；社工说"左"时，组员举起左手；社工说"右"时，组员举起右手。一共发出5～6个口令。 第二轮：加大难度。社工可以随机说"左上、右上、左下、右下"，组员则要分别"举高左手、举高右手、放低左手、放低右手"。 第三轮：做相反动作。社工说"上"时，组员要手臂向"下"；社工说"下"时，组员要手臂向"上"……试验几轮，观察组员能不能成功做到。 第四轮：再加大难度。社工随机说"左下—右上、左上—右下"，组员则分别在举高左手的同时放低右手、在放低左手的同时举高右手。 ②引导组员思考，为什么第一、二轮容易做好，后面的就做不好了呢？ 用身边的例子来说明：生活中我们不遵守规则，会有什么情况发生？ ③社工总结规则对于生活的重要性和意义。延伸讨论：在生活中还有哪些规则？这些规则对我们有何重要性	

时间	环节名称/目的	内容	所需物资
30分钟	城市生活规则串串烧：学习城市生活中的重要规则	（1）环节名称：城市生活规则串串烧。 （2）场地：空地。 （3）时间：30分钟。 （4）流程。 ①看图说话。分发给每个小组一张规则图画，请大家讨论：图画在讲什么？在生活中遇到过类似的情景吗？我们为什么要这么做？ ②规则大家讲。社工拿出一张规则图画，讲解该图画说明了一个什么样的规则，然后简单讲一讲：为什么要遵守这样的规则？为什么这个规则如此重要？然后请各小组以同样的方式分享自己学习到的规则。通过主动学习、自己当"小老师"的方式将学习到的规则讲给大家	城市规则图画5份
10分钟	口香糖：调节课堂氛围	（1）环节名称：口香糖。 （2）场地：空地。 （3）时间：10分钟。 （4）活动流程。 所有人围成一个圆圈，先由一人站在团体中说："口香糖。"旁人问："粘什么？"如果那人说："粘耳朵。"那么所有学员就必须找人来两两配对将耳朵贴在一起。没有找到人配对的学员就要站到中间继续参加游戏	甜点零食若干
50分钟	与麻烦过招：通过问题讨论与分享，使组员认识城市生活中可能遇到的问题，交流问题解决方案，通过情景剧进行练习，学习遇到此类问题时的应对方法	（1）环节名称：与麻烦过招。 （2）场地：空地。 （3）时间：50分钟。 （4）流程。 ①与城市生活中的麻烦过招：两个社工，一个扮演小迷糊，一个扮演不同情境下的各种角色，通过角色扮演展示外出途中所遇到的麻烦：找公厕、迷路、遭遇小偷、意外受伤等。每遇到一个麻烦的时候停下来与组员互动，讨论与分享以下问题： 小迷糊遇到了什么麻烦？ 小迷糊是怎么解决的？ 小迷糊有哪些方法不对？你认为应该怎么做？ 对这些麻烦，你还有什么好的建议？ 此环节30分钟。 注意：需要将组员的讨论与分享记在海报纸（麻烦菜单）上，以备回顾。	玩偶3个 身份卡片（小偷、警察、路人甲） 书包1个

续表

时间	环节名称/目的	内容	所需物资
50分钟	与麻烦过招：通过问题讨论与分享，使组员认识城市生活中可能遇到的问题，交流问题解决方案，通过情景剧进行练习，学习遇到此类问题时的应对方法	<table><tr><td>麻烦菜单</td><td>小迷糊应对方案</td><td>错误之处</td><td>更好的方法</td></tr><tr><td>找公厕</td><td></td><td></td><td></td></tr><tr><td>迷路</td><td></td><td></td><td></td></tr><tr><td>遭遇小偷</td><td></td><td></td><td></td></tr><tr><td>意外受伤</td><td></td><td></td><td></td></tr><tr><td>……</td><td></td><td></td><td></td></tr></table> ②社工在组员讨论与分享后，可以针对遇到上述麻烦时如何求助给组员做一个讲解（此环节10分钟）。③讨论城市生活中还有哪些麻烦，如何解决（此环节10分钟）	玩偶3个 身份卡片（小偷、警察、路人甲）书包1个
30分钟	活动结束：宣布本小节活动结束，对小组室内课程部分进行评估。为下一小节做预告	（1）宣布本小节活动结束，对下一小节的麦鲁小城儿童职业体验乐园城市生活模拟活动进行说明并提出要求。（2）小组评估：对室内课程和主要活动环节进行评估	问卷16份

第5小节　麦鲁小城

（一）目标

通过在麦鲁小城进行城市生活模拟、职业体验的方式，让组员复习城市生活规则和外出活动技巧，检验室内课程学习成果，并为之后的外出活动做好过渡准备。

（二）流程

时间	环节名称/目的	内容	所需物资
30分钟	集合：乘专车集体前往麦鲁小城	集合时间：13：00。集合地点：残疾人综合服务中心1楼。出发时间：13：30。目的地：麦鲁小城儿童职业体验乐园	签到表1份 大巴车1辆

时间	环节名称/目的	内容	所需物资
30分钟	任务书：入园并讲解活动安排和要求，发放城市生活模拟任务书	麦鲁小城展示的是一个模拟的儿童社会，小朋友们在这里能够接触到城市生活中的各种技能与职业，也可以学习如何与同龄人相处、沟通、合作。通过前期对城市生活规则、知识、技能的学习之后，组织残障儿童及青少年及家属去麦鲁小城儿童职业体验乐园参与职业体验，丰富残障儿童及青少年的暑期生活，为残障儿童及青少年及其照顾者提供一种新颖独特、寓教于乐的沟通和培养途径，锻炼残障儿童及青少年的沟通、合作、人际交往能力，拓宽残障儿童及青少年的职业视野。 注意： （1）每个组员可由1名家属陪同； （2）介绍外出安排，义工分配到组，每个小组由1名义工陪同； （3）发放外出小组物资； （4）发放小组任务书和求救锦囊。 注：每个小组需要至少一台相机，组员需要完成任务书中的拍照任务	体验乐园地图 城市生活模拟任务书
30分钟	职业体验：参加丰富生动的职业体验，鼓励组员运用室内课程的学习内容，提升城市生活能力与社交能力	（1）延续室内课程的分组：每个小组由组长、"安全大使"、"财务大臣"、"新闻发言官"组成。 （2）组员拿着体验乐园地图与城市生活模拟任务书，完成任务书上的体验任务。所有体验活动以小组为单位。整个小组的成员共同协商决定去体验哪些职业（任务书中会设置3个小组必须体验的如医生、厨师等与生活密切相关的职业）。每个职业体验时间约为半小时	体验乐园地图 城市生活模拟任务书
30分钟	总结并分享体验过程、任务书完成情况	在指定地点集合，总结此次活动。 小组"新闻发言人"分享小组任务完成情况，让组员回顾体验过程中的事件和经历，分享感受与收获。 家属、义工进行分享	
30分钟	进行评估，介绍下一次活动安排	（1）本次活动结束，发放评估问卷，对活动进行评估（组员和家属一起填写）。 （2）社工介绍下一次城市探访的计划和安排。 （3）社工介绍外出进行城市探访的要求	评估问卷

| 第6小节 | | 博物馆之旅 | |

（一）目标

让组员前往博物馆，体验无障碍出行，使用城市公共资源，学习如何融入城市生活。

（二）流程

时间	环节名称/目的	内容	所需物资
10分钟	签到：清点人数	（1）环节名称：签到。 （2）场地：残疾人综合服务中心7楼。 （3）时间：10分钟。 （4）流程：签到，发放名牌	名牌16个（每个名牌后面均有爱心提示，并附有社工联系电话和中心地址）
20分钟	出发：让组员了解外出目标和任务，做好外出准备	（1）环节名称：准备出发。 （2）场地：残疾人综合服务中心7楼。 （3）时间：20分钟。 （4）流程： ①介绍外出安排，将义工分配到组； ②发放外出小组物资； ③发放小组任务书和求救锦囊。 注：每个小组需要至少一台相机，组员需要完成任务书中的拍照任务	小组物资4份 小组任务书4份 求救锦囊4个
180分钟	地铁无障碍，前往博物馆：参观深圳博物馆，使用城市公共资源	（1）环节名称：地铁无障碍，前往博物馆。 （2）场地：地铁、深圳博物馆。 （3）时间：180分钟。 （4）流程： ①各组自由选择交通路线，前往深圳博物馆； ②各组根据小组任务书要求去进行参观	
60分钟	午餐：提升组员自主性，促进组员之间的合作和互助	（1）环节名称：午餐。 （2）场地：餐厅。 （3）时间：60分钟。 （4）活动流程： ①各小组根据各小组情况自由寻找餐厅用餐； ②只允许用小组经费里的资金去购买午餐，在资金有限的情况下，学习如何合理分配、使用资金	餐费800元

续表

时间	环节名称/目的	内容	所需物资
60分钟	返回大本营	（1）环节名称：返回大本营。 （2）场地：残疾人综合服务中心7楼。 （3）时间：60分钟	
60分钟	活动总结、分享	（1）环节名称：活动总结。 （2）场地：残疾人综合服务中心7楼。 （3）时间：60分钟。 （4）活动流程： ①各小组通过照片和口头介绍两种方式汇报外出情况，每个小组5分钟（共20分钟）。 ②社工带领各小组讨论外出中的收获和问题（共40分钟）	
30分钟	活动结束：宣布活动结束，介绍下一次小组安排	宣布活动结束，介绍下一次活动时间、安排及要求。 进行小组评估	问卷16份

第7小节　　收获与成长

（一）目标

（1）回顾小组活动，小组活动结束，处理离别情绪。

（2）鼓励组员独立，与照顾者分享组员在小组中的收获与成长。

（二）流程

时间	环节名称/目的	内容	所需物资
10分钟	热身游戏：爱的鼓励	（1）环节名称：爱的鼓励。 （2）场地：残疾人综合服务中心7楼。 （3）时间：10分钟。 （4）活动流程：用爱的鼓励的方式鼓掌，重复多次	

续表

时间	环节名称/目的	内容	所需物资
50分钟	我们的纪念册：让组员与家长一起回顾小组活动，温习小组所学内容，分享学习过程	（1）环节名称：我们的纪念册。 （2）场地：残疾人综合服务中心7楼。 （3）时间：50分钟。 （4）活动流程： ①通过PPT和视频回顾从小组开始到现在的所有精彩活动瞬间，观看我们的纪念册（10分钟）； ②组员分享在过去两个月时间里的收获和感受（20分钟）； ③家长分享感受（20分钟）	PPT1份 视频1份
30分钟	我的未来不是梦：鼓励组员在小组活动结束后，将小组所学运用到生活中，去探索城市生活的更多部分	（1）环节名称：我的未来不是梦。 （2）场地：残疾人综合服务中心7楼 （3）时间：30分钟。 （4）活动流程： ①每个组员将自己的照片贴到地图上：未来，我希望去的地方； ②组员分享关于未来我希望去的地方的梦想，并说明如何去实现这些梦想？在外出过程中我们需要做哪些准备（关于安全、交通、父母陪同等）	地图一份 不同图案便利贴4本 双面胶4卷
30分钟	我们结业啦：颁发结业证书	（1）环节名称：我们结业啦。 （2）场地：残疾人综合服务中心7楼。 （3）时间：30分钟。 （4）活动流程： ①带领者一一颁发每个组员的一年级结业证书； ②给每个组员写下不同的颁奖词； ③组员一起拍合照，组员、家属、社工一起拍大合照	结业证书16本 PPT1份（16个组员，每个组员10张小组活动精选照片）
30分钟	问卷评估，活动结束	进行问卷评估。 整个小组活动结束	评估问卷（组员16份，照顾者16份）

第二节 活动方案范例

活动 消除心理阴霾，绽放健康笑脸——世界精神卫生日宣传活动

一、基本信息

活动名称：消除心理阴霾，绽放健康笑脸——世界精神卫生日宣传活动

活动对象：X街道辖区居民

活动时间：2019年9—10月

活动地点：X街道公园门口

活动人数：100人及以上

负责社工：何社工，钱社工，刘社工

人手编排：12名社工，2名义工

二、背景

1992年，世界精神病学协会（WPA）提议将每年的10月10日定为世界心理健康日，又称世界精神卫生日。最终由世界卫生组织（WHO）确定，把每年的10月10日定为世界精神卫生日。世界各国每年在这一天组织视频、热线、讲座等活动，提高公众对精神疾病的认识，分享科学有效的疾病知识，消除公众偏见。我国自2000年开始在世界精神卫生日组织开展大规模活动，宣传精神卫生，普及心理健康知识，并保持至今。

随着我国经济的发展，人口和家庭结构的变化，以及原有社会支持网络的削弱，心理问题急剧增加，精神卫生问题日益突出，提高公众精神卫生意识已刻不容缓。一些精神障碍患者和家属虽然对精神类疾病有一定认识，但是因为害怕带上"精神病"的标签受到歧视，宁可自己忍受痛苦也不愿寻求精神科医生的帮助，导致治疗延误，病情加重。社会上仍有很多人对精神疾病不了解，对精神障碍患者缺乏理解，偏见与歧视现象严重，致使已经出院的精神障碍患者不能顺利回归家庭、社区、社会。

符号互动理论的核心观点是，"人类创造与运用符号"。也就是说人们对情境的反应、人们之间的互动、人们对社会结构的作用等，都依赖表达共同意义的符号及其应用能力。符号互动理论的代表人物之一布卢默的观点如下。①符号是社会相互作用的中介，人类不仅生活在自然环境中，也生活在"符号环境"中。人类的互动是由符号的使

用、解释、探知另外一个人的行动的意义作为媒介。②人们通过对符号的定义与解释进行互动。当人们在特定的时间通过一定的形式在某些公共场合开展活动时，周围居民能迅速意识到可能发生了什么事。在人们的经验中，这种场合代表了特殊的意义。通过组织居民参与世界精神卫生日宣传活动，可以加深他们对宣传内容的认识，增强他们对宣传活动的关注度。

因此，通过开展精神卫生日宣传活动，采用折页发放、海报张贴、知识问答、义诊、心理咨询等形式向广大群众宣传、普及精神卫生知识，引导大家关注心理健康，提高居民的精神卫生意识及对精神疾病的认识。

三、目的与目标

（一）目的

加强居民对心理健康的关注，提高居民的精神卫生意识和对精神疾病的认识。

（二）目标

（1）至少80％的服务对象通过参加活动和游戏，学会至少3点精神卫生知识。

（2）至少80％的服务对象表示会更关注心理健康。

（3）在社区派发精神卫生宣传手册100份及以上。

四、活动安排

阶段	时间	环节名称	具体内容	人员分工	物资
前期准备	9月18日	场地申请	向街道办申请某公园门口作为活动场地	何社工	
	9月19日	踩点	公园门口踩点	周社工 邹社工	
	9月20日—10月8日	物资准备	（1）准备横幅、宣传折页、海报。 （2）准备活动物资。 （3）准备游戏道具。	何社工 周社工	横幅 宣传折页 宣传海报 瓶装水若干 纸巾

阶段	时间	环节名称	具体内容	人员分工	物资
前期准备	9月20日—10月8日	物资准备	（4）准备活动礼品	何社工 周社工	洗洁精 保温杯 棒棒糖 手印、脚印图案 喷绘布 乒乓球20个 抖球盒子 奖券若干 签到表 笔5支 意见反馈表30份
	10月10日 14：30—15：00	场地布置	根据活动需要，合理布置活动场地	全体工作人员	横幅 宣传海报 桌子6张 椅子12把
活动安排	10月10日 15：00—16：30	宣传资料领取	设置宣传资料派发点，社工引导服务对象阅读宣传资料，为知识问答游戏环节做好准备	罗社工	宣传折页
	10月10日 15：00—16：30	游戏1：知识问答	服务对象从问题库里抽取问题，在宣传资料上找到正确答案的，可获得1张奖券。 问题库包括以下几点。 （1）心理健康的标准包括_____（最少说出4项）。 （2）老年人心理健康的标准包括_____（最少说出4项）。 （3）中年人心理健康的标准包括_____（最少说出4项）。 （4）青少年心理健康的标准包括_____（最少说出4项）。 （5）儿童心理健康的标准包括_____（最少说出4项）	廖社工 陈社工	问题库 奖券若干

阶段	时间	环节名称	具体内容	人员分工	物资
活动安排	10月10日 15：00— 16：30	游戏2： 手脚并用	（1）服务对象按照喷绘布上的手印脚印图案走，并同时跟着工作人员念精神卫生知识，全部走完无误差则可获得1张奖券。 （2）在游戏过程中，如出现误差，则需回答工作人员一个关于精神卫生知识的问题，错误不超过3个，回答正确可获得1张奖券	张社工 周社工	手印、脚印图案喷绘布 奖券若干
	10月10日 15：00— 16：30	游戏3： 小鸡下蛋	（1）两人一组，一人把抖球盒子带上，在3分钟内，快速摇摆臀部，把乒乓球抖出来，抖出10个即可完成任务。 （2）同时，另一人在3分钟内根据抖出来的乒乓球上的数字，回答对应数字的精神卫生知识问答题，5题及以上回答正确，两人即可分别获得1张奖券	陈社工 邹社工	乒乓球20个 抖球盒子 奖券若干
	10月10日 15：00— 16：30	义诊、心理健康咨询	社工引导服务对象参加义诊和心理健康咨询	医生义工2名	医疗包
	10月10日 15：30— 16：30	问卷调查	社工负责对服务对象进行意见调查，了解服务对象对精神疾病的认识	赖社工 郭社工	意见反馈表30份 笔3支
	10月10日 15：30— 16：30	兑奖	服务对象凭奖券找社工兑奖并签字	骆社工 刘社工	纸巾 洗洁精 保温杯 棒棒糖 签到表 笔2支

续表

阶段	时间	环节名称	具体内容	人员分工	物资
活动安排	10月10日 16：30— 16：45	合影及场地清洁	全体工作人员合影，收拾活动场地	全体工作人员	手机 垃圾袋
活动跟进	10月11日	活动新闻发布	活动新闻稿撰写及美篇制作	何社工	手机
	10月11— 15日	活动档案整理	活动报告撰写、问卷统计，以及其他材料整理	何社工	电脑

五、活动评估

序号	评估项	评估指标	评估方法
1	出席率	不低于80％	查看现场签到表
2	目标	（1）至少80％的服务对象通过参加活动和游戏，学会不少于3点精神卫生知识。（2）至少80％的服务对象表示会更关注心理健康。（3）在社区派发精神卫生宣传手册100份及以上	统计意见反馈表 查阅现场派发份数
3	满意度	不低于80％	邀请服务对象填写满意度调查问卷
4	文档记录	文档记录及时、完整	查阅报告

六、困难预估

序号	预计困难	解决方法
1	人流量大，安全保障难度大	机动人员（何社工、钱社工）做好现场安全维护工作
2	天气不佳，不适合开展室外活动	及时关注天气预报，灵活调整活动时间

第三节　残疾人领域实务要点

残疾人即肢体、语言、听力、精神、智力或多重存在长期损伤的人，这些损伤与各种障碍相互作用，或可阻碍残疾人与健全人一样在平等的基础上充分和切实地参与社会。

一、残疾人的分类和特点

《中华人民共和国残疾人保障法》中对残疾人有如下定义：残疾人是指在心理、生理、人体结构上，某种组织、功能丧失或者不正常，全部或者部分丧失以正常方式从事某种活动能力的人。残疾人包括视力残疾、听力残疾、言语残疾、肢体残疾、智力残疾、精神残疾、多重残疾和其他残疾的人。

残疾人是社会工作众多服务对象中的一类人群，有人类共同的生存、成长和发展所需要的资源、环境、文化和心理需求。国家和社会应逐步创造良好的环境，改善残疾人参与社会生活的条件。改善社会环境，消除社会对残疾人的歧视与偏见，让社会给予残疾人更多的理解和帮助，是广大残疾人的普遍需求。社会工作的重要任务之一是促进残疾人与外界的沟通和联系，通过多种方式唤起社会对残疾人的理解，创造帮助残疾人平等参与社会生活的条件。通过丰富残疾人的精神生活，帮助残疾人认识社会、适应社会，提高全面参与社会活动的能力。

二、常用理论及干预方法

常用理论：主要包括正常化理论、复原理论、优势视角理论、社会支持理论、增能理论。

干预方法：主要包括艺术疗法、感统训练、游戏疗法、叙事疗法、认知行为疗法。

三、案例评析

本章精选了1个残疾人小组案例及1个活动案例。

春田花花同学会——残障儿童及青少年城市探索与融入小组：面向残疾人群体，实施通识教育，始终秉持"人在环境中"的理念，鼓励残障人士融入社区环境，发掘自身优势、特长，建立起与周边环境的有效联系，提升其在社区的生活能力。

消除心理阴霾，绽放健康笑脸——世界精神卫生日宣传活动：在世界精神卫生日，通过社区宣传的形式，具体包括发放折页、张贴海报、有奖问答、义诊、心理咨询等，加强居民对心理健康的关注，提高居民的精神卫生意识和对精神疾病的认识。

四、设计要点

（一）确保安全

应选择具备无障碍设施的环境，方便服务对象。在安排服务时需特别关注安全性和难易程度的设计，考虑服务对象的身心状况和情绪是否稳定等因素。组织外出活动前应购买保险，并做好详细的安全风险预案，避免安全事故的发生。

（二）注意保密

在使用服务对象及其家人的照片时需征得服务对象及其家人的同意，注意保护肖像权和隐私权，避免个人敏感数据外泄，避免相关部门内部交流数据信息外泄，使用时要再三确认和经相关人员同意。

五、关键词总结

（一）保护隐私

在为残疾人提供服务时，需要特别注意保护残疾人的个人信息，避免信息外露。

（二）无障碍

在为残疾人提供服务时，应注意环境无障碍（如场地需符合轮椅通行、盲道指引、防滑等要求）、信息无障碍（提供手语翻译、大字版材料、语音提示等支持）。

（三）正常化

尊重残疾人，将他们视为社会的普通成员，强调他们与所有人一样享有平等的权利、机会和尊严，而非将其特殊化或边缘化。

（四）包容性语言

在交流时，使用友好、包容的语言，避免使用带有污名化或标签化的词语。

六、思考题

（1）思考针对不同类型残疾人的服务设计有什么相同和不同的地方。

（2）参考范例，设计一个针对智力残疾人士的外出活动。

第七章

社区志愿者领域服务方案

第一节 小组方案范例

小组 优义营——社区治理领袖小组

一、基本信息

小组名称：优义营——社区治理领袖小组

小组对象：社区年度参与服务3次及以上的志愿者

小组人数：8～12人

小组时间：2021年4—5月

小组地点：X社区党群服务中心活动室

小组性质：成长性小组

小组节数：共6小节

负责社工：刘社工，程社工

人手编排：主带社工1名，协助社工1名

二、背景

增强居民归属感和幸福感是新时代社区治理的根本目标，要把社区治理效能转化成社区居民对社区治理的认同感和满足感。同时，也要充分发挥社区居民的主体作用和自治角色，从社区居民自治中获取治理力量，扩展公众参与社区治理的方式方法，努力做到参与主体多元化、实现方式弹性化、成果享受公平化。X社区党群服务中心已经成立多年，在社区中有一批热情参与社区事务的居民，被社工招募成为志愿者。这些志愿者积极参与中心的日常服务。社工经过了解，发现这群居民具有继续学习、发展自己、自我成长的需要。在2020年的志愿者焦点工作坊中，80%的志愿者对于社区中的很多问题如养狗不文明、游客垃圾乱丢、共享单车到处摆等问题都表达了关注，但是关于这些问题的探讨、研究、解决却不够，而且志愿者在探讨中也容易出现个别积极分子占用过多发言时间的情况。

社工发现这些志愿者是可以有效参与社区自治的力量之一。社工可针对这些志愿者进行更为深入的培养，带领其重新认知自我，有效推动其察觉个人的内在动机，并促进其对社区问题的关注，激发其内在担当。同时组织他们学习、掌握分析问题和解决问题的方法，促进他们参与社区治理、助力社区发展，推动他们成为居民中参与社区治理的中坚力量。

三、理论架构

班杜拉的社会学习理论强调观察学习在人的行为获得中的作用，认为人的多数行为是通过观察别人（示范者）的行为及行为的结果而学得的。社会学习理论重视榜样的作用，强调个人对行为的自我调节，主张建立较高的自信心。在本小组中，社工设计了很多正向的行为实践和分享环节，在过程中持续推动示范者与观察者的交错呈现，并推动组员间持续进行正面分享，彼此学习和模仿。而社工通过对组员的正面行为和言语进行肯定和赞赏，提升组员自信心，并强化组员对该行为或认知的正向结果，从而增强组员的学习效果。

小组活动通过组员自我内在探索，引导组员思考参与志愿者服务的动机与价值，并通过圆桌讨论、方案探讨及社区实践等方式，推动组员思考、策划及践行一场社区服务，以提升组员参与社区治理的能力。

四、目的与目标

（一）目的

提升社区骨干志愿者参与社区治理的能力。

（二）目标

（1）至少80％的组员能够了解自身做志愿者的内在动机。

（2）至少80％的组员参与制定1份解决社区问题的服务方案。

（3）至少80％的组员参与开展1场社区服务。

五、小节安排

节序	日期/时间	主题/目标	人员分工
1	4月1日 9：30—11：00	主题：志愿者相见欢。 目标：组员之间建立初步信任关系	主持：刘社工 协助：陈社工
2	4月8日 9：30—11：00	主题：探寻美好的我。 目标：组员探索自身做志愿者的内在动机	主持：刘社工 协助：陈社工
3	4月15日 9：30—11：00	主题：圆桌探讨（一）。 目标：组员学习如何发现问题、分析问题	主持：刘社工 协助：陈社工

续表

节序	日期/时间	主题/目标	人员分工
4	4月22日 9：30—11：00	主题：圆桌探讨（二）。 目标：组员学习如何制定解决问题的方案	主持：刘社工 协助：陈社工
5	4月29日 9：30—11：00	主题：相伴前行 目标：组员强化探讨结果，将其转化为行动力	主持：刘社工 协助：陈社工
6	5月6日 9：30—11：00	主题：服务践行与总结 目标：组员按照服务方案开展一次社区服务	主持：刘社工 协助：陈社工

六、小组评估

序号	评估项	评估指标	评估方法
1	出席人数	不少于8人	签到表
2	目标	（1）至少80%的组员能够了解自身做志愿者的内在动机。 （2）至少80%的组员参与制定1份解决社区问题的服务方案。 （3）至少80%的组员参与开展1场社区服务	评估问卷中目标评估部分
3	满意度	至少80%的参加者对活动内容及形式安排、工作人员表现等表示满意或非常满意	评估问卷中满意度评估部分
4	文档记录	文档记录及时、完整	检查文档资料

七、困难预估

序号	预计困难	解决方法
1	可能会有部分人员难以持续稳定地参加小组活动	分析报名的志愿者组成，是以居家人员为主，还是在职工作人员为主。在招募期间做好报名志愿者空闲时间沟通与记录工作，选用更多人员比较方便的时间，尽量降低请假的概率。社工可以根据报名人员的情况进行调整，尽可能配合组员的时间
2	带领社工与志愿者的熟悉程度不够高	制作小组环节PPT，辅助社工提升带领效果；提前向组员了解志愿者情况；提前反复演练，熟悉小组活动环节和内容

八、小组小节计划

<table>
<tr><td>第1小节</td><td colspan="4">志愿者相见欢</td></tr>
</table>

（一）目标

组员之间建立初步信任关系。

（二）流程

时间	环节名称/目的	内容	所需物资
10分钟	最舒适、最安全：建立安全环境氛围	（1）邀请组员随意选择自己想坐的位置坐下。 （2）邀请组员协助完成椅子的摆放	签到表 笔 椅子
5分钟	请你认识我	主持人自我介绍（称呼、在小组期间扮演的角色）	社工的姓名卡
5分钟	热身游戏	（1）热身游戏：大风吹。 （2）在游戏过程中的第3轮邀请组员扮演发令者	白纸
10分钟	发现你我：帮助组员之间建立连接	（1）邀请每位组员画一张自画像。 （2）主持人带领组员回忆游戏大风吹中，组员之间外在的相同之处	白纸 画笔
20分钟	很高兴认识你：帮助组员进一步认识彼此	（1）主持人邀请组员写下姓名卡，并进行自我介绍。 （2）邀请组员分享做志愿者的初衷	姓名卡
10分钟	互动游戏：组员增加对彼此的熟悉程度	（1）组员站成一个圈，其中一人先将玩偶抛向圈中的另一个人，接到玩偶的人再将玩偶抛给其他人。 （2）如果玩偶掉在地上，掉落处对应的人表演一个技能，之后由该人重新开始抛玩偶。 （3）一轮游戏完成之后，可以增加难度，抛的人喊接的人的名字，被喊的人上前接玩偶。接住后再重新喊一个人的名字，直到全部人被喊到名字	玩偶
20分钟	我们的目标	小组目标及学习内容介绍，带领组员制定契约	白纸 画笔
10分钟	小结	（1）带领组员梳理活动过程并布置作业：你是一个怎样的人？ （2）可以适当提供方向，比如星座、生肖、同事评价、自我评价等，多维度进行总结与分享，请组员下次进行小组分享	记录本 笔

<table>
<tr><td>第 2 小节</td><td>探寻美好的我</td></tr>
</table>

（一）目标

组员探索自身做志愿者的内在动机。

（二）流程

时间	环节名称/目的	内容	所需物资
5分钟	热身回顾	（1）开场欢迎组员。 （2）社工随机给组员其他人的姓名卡让其佩戴。社工示范大声说出自己的名字，带领组员回忆彼此的名字。 （3）契约回顾	姓名卡
5分钟	自画像定义	（1）社工将上次大家画的自画像发回组员。 （2）邀请组员将上一周思考的自我性格特质写在纸上	纸 笔
20分钟	分享我的自画像	（1）社工邀请组员一一分享自己的特质。 （2）社工在白纸上汇总整理组员的同类特质和独特特质。 （3）社工带领组员进行分享	白纸 马克笔 胶带
40分钟	我是志愿者	（1）社工带领组员分享志愿者的特质，引导组员结合个人的特质发现彼此成为志愿者的契合之处。 （2）鼓励组员分享自己的志愿者故事。 （3）社工适时总结组员成为志愿者的重要特质，并为组员分发相应的贴纸卡片。 （4）社工肯定组员作为志愿者的付出	特质卡片（热情、积极、有担当、勇敢、执着等类似的卡片）
15分钟	你最关心的社区问题	（1）社工带领组员思考"你最关心的社区问题"。社工可以适当提供方向：比如垃圾分类、文明养狗等。 （2）社工带领志愿者一起讨论出在本社区极为重要或者严重的3个问题，并邀请组员进行资料的收集	白纸 马克笔 工作纸
5分钟	小结	（1）社工带领组员梳理小组活动内容，并再次提醒作业纸的完成。 （2）为组员提供一套工作纸，用于记录问题的答案	作业纸

<table>
<tr><td>第 3 小节</td><td>圆桌探讨（一）</td></tr>
</table>

（一）目标

组员学习如何发现问题、分析问题。

（二）流程

时间	环节名称/目的	内容	所需物资
2分钟	前情回顾	（1）社工带领组员梳理自己作为志愿者的优质品质。 （2）带领组员进行自我肯定与相互肯定	特质卡片
5分钟	游戏环节	社工带领组员进行"心有千千结"解锁游戏。 （1）社工让组员报数1、2、3，分成3个小组，每组手拉手围成一个圆圈，记住自己左右手分别拉着的人是谁。 （2）社工发出指令，让大家松开手，在一定范围内自由走动。社工喊停后，每个人要去寻找之前左右手所拉的人，并再次拉住他们的手。 （3）每个小组要求在不松开手的前提下，通过钻、跨、转身等动作，将交错的"结"解开，最终恢复成最初的圆圈状态。 （4）当小组成功解开"结"，恢复成圆圈后，举手示意，由组织者检查、确认是否符合规则。 （5）带领组员明白协助配合的重要性，以此导入在之后的探讨中注意组员之间的协作精神	
10分钟	我的议题：带领组员了解发现问题和分析问题的方法	（1）社工邀请组员分享自己的工作纸完成情况。 （2）社工向组员介绍"世界咖啡馆"模式，介绍此次研讨的主题、流程和原则。社工组织组员推选3位组长，选定议题后带领组员进行"这个社区问题发生的原因，分析这个问题"的讨论	PPT 电脑 投影仪
60分钟	世界咖啡馆	（1）组长组织组员进行第一轮研讨，第一轮研讨结束后，除组长外，小组其他组员离开本组，去新的组进行第二轮研讨。 （2）第二轮研讨之后，所有组员回到第一次分组的组中，进行第三次研讨。 （3）将最终的讨论结果写在白板上。 注意：每次研讨时间为20分钟	白纸 马克笔
10分钟	研讨结果分享	每个议题组组长代表进行研讨结果分享	白纸 马克笔
3分钟	小结	（1）社工带领组员进行小结，并对组员进行肯定。 （2）社工告知下次小组活动时间，提醒组员准时出席。 （3）社工发放工作纸，提醒组员完成作业	工作纸

第4小节　　　　　　　　　　　圆桌探讨（二）

（一）目标

组员学习如何制定解决问题的方案。

（二）流程

时间	环节名称/目的	内容	所需物资
5分钟	前情回顾	带领组员回忆议题的成果	
10分钟	我的新议题	社工邀请组员分享自己的工作纸完成情况，再次使用"世界咖啡馆"讨论方法。社工介绍此次研讨的主题、流程和原则。社工组织组员推选出3位新组长，由这3位新组长带领组员进行关于"这个社区问题可以怎么解决"的讨论	
60分钟	世界咖啡馆	（1）组长组织组员进行第一轮研讨，第一轮研讨结束后，除组长外，小组其他组员离开本组，去新的组进行第二轮研讨。 （2）第二轮研讨之后，所有组员回到第一次分组的组中，进行第三次研讨。社工将最终的解决方案写在白板上	白纸 马克笔
10分钟	研讨结果分享	每个议题组组长代表小组进行结论分享	白纸 马克笔
5分钟	小结	（1）社工带领组员梳理小组活动内容，对组员讨论出的结果进行肯定。 （2）社工告知下次小组活动时间，提醒准时出席	

第5小节　　　　　　　　　　　相伴前行

（一）目标

组员强化探讨结果，将其转化为行动力。

（二）流程

时间	环节名称/目的	内容	所需物资
5分钟	前情回顾	带领组员回忆上次小组活动内容	
10分钟	热身游戏：猜领袖	社工带领组员选出一位组员离场，其他组员商议出一位组员作为"领袖"（带领做动作），离场组员回归后，游戏开始。其他组员需要跟随"领袖"变换动作，离场组员需要进行全场观察，找出"领袖"	

时间	环节名称/目的	内容	所需物资
60分钟	服务方案践行前准备	（1）社工引导组员推选出一位组长，下次活动时带领组员践行已经讨论出的社区问题服务方案。 （2）社工引导组员细化服务方案，探讨及明确服务流程分工，梳理服务可能会遇到问题和困难，并探讨如何规避或应对风险等	白纸 马克笔
10分钟	服务方案践行安排	（1）组长针对组员的讨论结果做明确的活动分工与筹备。 （2）确定服务践行具体时间，明确各项筹备工作的时间节点	讨论结果
5分钟	小节总结	（1）进行小节总结。 （2）与大家再次明确下次活动主题与内容，提醒大家准时出席	

第6小节　　服务践行与总结

（一）目标

组员按照服务方案开展一次社区服务。

（二）流程

时间	环节名称/目的	内容	所需物资
5分钟	前情回顾	带领组员回忆议题成果	
60分钟	开展社区服务	引导组长带领组员按照上次讨论的行动方案，开展社区服务	服务方案
15分钟	服务检讨	引导组长带领组员就社区服务情况进行检讨，包括但不限于活动中大家做得好的地方、活动中较为成功的经验、需要改进的地方等	白纸 马克笔 荣誉胸章
10分钟	总结与庆祝	（1）社工带领组员回顾整场活动。 （2）组员每人以一句话分享收获与感受。 （3）颁发荣誉勋章。 （4）举杯庆祝，合影留念。 （5）填写小组反馈问卷	荣誉胸章 纪念品 矿泉水

第二节　活动方案范例

活动1　社区问题大家谈——社区开放空间讨论会

一、基本信息

活动名称：社区问题大家谈——社区开放空间讨论会

活动对象：社区志愿者

活动时间：2021年3—4月

活动地点：社区活动室

预计人数：20人

负责社工：程社工

人手编排：1名社工，2名志愿者

二、背景

开放空间是由哈里森·欧文提出的一种创新的、自主管理的会议形式。它是一种富有成效的动态会议模式，能够将一个对于组织/机构很重要的主题仅在很少的规则辅助下通过一个新的空间和时间格式由参加者讨论完毕。开放空间提供了一个提倡自我承担责任的场合。在会议期间，每个参加者可以在主题框架下，提出自己关心的问题或自己想要解决的问题或需求，在不同参加者之间形成关注并致力于解决同一个问题或需求的小组，在既定的规则下开始小组讨论工作。在讨论中，可以带动反思问题、提出建议及找到新的行动契机。

本活动拟运用开放空间技术，通过社区志愿者的共同参与及体验，探索社区志愿者共同关心的社区问题，进而发掘解决相应社区问题的方式方法，为社区志愿者参与社区治理提供方向与指引。

三、目的与目标

（一）目的

探讨社区问题及其解决方案，为社区志愿者参与社区治理提供方向与指引。

（二）目标

（1）至少80％的参加者能够提出至少2项社区存在或急需解决的问题。

（2）至少80％的参加者能够针对至少1项社区问题提出解决方案。

四、活动安排

阶段	时间	环节名称	具体内容	人员分工	物资
前期准备	3月25—29日	确定活动方案及活动场地	（1）撰写活动计划书。 （2）设计活动工作纸。 （3）确定活动场地	程社工	
	4月1—10日	活动参与人员及志愿者招募	（1）线上：在社区志愿者群、社区群等线上平台招募。 （2）线下：在志愿服务活动中招募	程社工 2名志愿者	招募通知
	4月2—11日	活动物资准备	准备活动物资： （1）打印工作纸； （2）准备及确认活动带领工具； （3）购买茶点	程社工 2名志愿者	活动物资清单
	4月12日上午	活动前分工会	与协助人员（志愿者）确认活动流程分工，确保协助人员明确各环节工作任务，并能协助社工顺利实施各环节服务内容	程社工 2名志愿者	活动流程分工表
活动安排	4月12日14：00—14：30	场地布置及签到	（1）场地布置： ①将20把凳子按U形摆放，现场多放2把凳子备用； ②投影、电脑及PPT调试； ③规则板、新闻墙张贴等； ④茶点区布置； ⑤签到区布置； ⑥其他活动物资及道具准备。 （2）参加者签到	实习生	议题纸 结果记录纸 行动带领工具 签字笔 签到表 活动反馈问卷
	14：30—14：35	活动简介	（1）介绍本次活动的目的与意义。 （2）介绍整场活动流程安排	程社工	PPT
	14：35—14：50	明确讨论会的活动规则	介绍及明确开放空间4原则＋1请求＋1法则	程社工	PPT

阶段	时间	环节名称	具体内容	人员分工	物资
	14：50—15：05	热身：唤醒参加者	（1）热身游戏：抢数字。 （2）游戏规则。 ①自我介绍：姓名＋在社区居住时间。 ②所有参加者抢读数字1～30，抢到相同数字的人要叫出对方的姓名＋居住时间。 ③最慢说出对方信息的，分享：为什么报名参加活动？对活动有怎样的期待	程社工带领1名志愿者负责活动观察，并记录参加者的分享内容1名志愿者负责拍照及应对突发状况	签字笔观察记录纸
活动安排	15：05—15：20	组建讨论组	（1）参加者围绕讨论主题提出议题（你最关心的社区问题、你最想要解决的社区问题）： ①每人发放2张"我的议题"纸，并在议题纸上写出各自提出的议题； ②依照顺序向他人介绍自己提出的议题，并将议题张贴在新闻墙上。 （2）发表议题： ①参加者自由走动阅读新闻墙上的议题，并在自己想参与的议题纸上写上自己的名字； ②议题提出者召集自己的组员（想参与讨论的人）组建讨论组	程社工带领1名志愿者协助分发议题纸1名志愿者拍照	议题纸若干彩色笔2盒新闻墙1面
	15：20—16：35	讨论议题	（1）各讨论组在议题发起人的带领下，依照规则展开讨论，并做好结果记录。 （2）如果某议题已经讨论结束，则讨论组可自行解散，参加者可任意加入自己感兴趣的小组继续参与讨论	程社工	彩色笔2盒结果记录纸若干摇铃1个茶点
	16：35—17：05	汇报议题	（1）每一位议题发起人轮流简要汇报议题讨论情况。 （2）每一位议题发起人汇报完毕，直接将结果记录纸张贴于新闻墙上	程社工	

续表

阶段	时间	环节名称	具体内容	人员分工	物资
活动安排	17：05—17：15	投票	（1）参加者仔细阅读新闻墙上每一个议题讨论结果记录。 （2）每人2张印花贴纸，在自己认为有助于社区问题解决、对社区影响较大或对社区较为重要的议题上张贴印花贴纸。 （3）统计投票数量，选出票数较高的3个议题	程社工	印花贴纸若干
	17：15—17：30	总结评估	（1）活动总结：每人以一句话总结与分享参与感受及收获。 （2）感谢工作人员、填写问卷。 （3）集体合影	程社工带领1名志愿者记录1名志愿者发放问卷及拍照	活动评估问卷20份
	17：30—18：00	场地清理及活动总结会议	（1）引导参加者协助进行活动物资整理及活动场地还原。 （2）召开活动总结会议，总结活动经验及需要继续改进的部分	程社工2名志愿者	活动观察记录表活动流程分工表
活动跟进	4月13日前	活动资料整理	（1）统计活动参与人数。 （2）统计活动评估问卷调研结果及志愿者观察记录。 （3）筛选活动照片。 （4）撰写活动通讯	程社工	数据资料活动照片
	4月18日前	总结报告	完成总结报告并依照社工机构相关程序存档	程社工	总结报告
	4月19日后	社区行动	结合3个议题讨论结果，由社区社工继续跟进	程社工	结果记录纸

五、活动评估

序号	评估项	评估指标	评估方法
1	出席人数	不少于16人	活动签到表
2	目标	（1）至少80％的参加者能够提出至少2项社区存在或急需解决的问题。 （2）至少80％的参加者能够针对至少1项社区问题提出解决方案	活动反馈问卷观察记录纸结果记录纸

续表

序号	评估项	评估指标	评估方法
3	满意度	至少80%的参加者对活动时间、活动地点、活动形式、活动内容、工作人员态度、工作人员能力等表示"满意"或"非常满意"	活动反馈问卷
4	文档记录	文档记录及时、完整	检查文档资料

六、困难预估

序号	预计困难	解决方法
1	在活动过程中,志愿者可能没办法很好地协助社工开展服务	(1) 提前做好活动分工,并撰写活动流程分工表。 (2) 在活动前召开活动分工会,与协助人员一一确认各环节职责任务分工,确保各方均能明白且理解一致
2	在游戏环节,参加者不能按照游戏规则参与游戏	(1) 详细讲解。 (2) 安排游戏试玩,确保参加者能理解活动规则
3	在讨论过程中出现相互争执情况	(1) 提前与参加者明确活动参与及议题讨论规则。 (2) 在议题讨论过程中,工作人员不断提醒讨论规则。 (3) 在议题讨论过程中,社工及志愿者不断巡视各组讨论情况,及时发现并做出有效引导与提醒

活动2 党员志愿者在行动——社区长者关爱活动

一、基本信息

活动名称:党员志愿者在行动——社区长者关爱活动

活动对象:社区志愿者,社区特殊困难长者

活动时间:2020年6—7月

活动地点:社区活动室,社区某合作餐厅,特殊困难长者家

预计人数:60人

负责社工:程社工,陈社工

人手编排:4名社工,20名志愿者

二、背景

《广东省人民政府办公厅关于加快推进养老服务发展的若干措施》指出,为加快发展居家养老服务,注重关爱服务的推进,要求特殊困难老年人月探访率达到100%。

在建党 99 周年之际，特开展党员志愿者在行动——社区长者关爱活动，该活动在社区党委的领导下，一方面，通过志愿者关爱长者服务，初步探索社区党建引领下的助老服务基层治理模式，形成社区助老护老服务风气，宣扬尊老爱老社区文化；另一方面，通过社区党员志愿者与特殊困难老年人之间的沟通与交流，连接党心与民心，共谱社区邻里情。

三、目的与目标

（一）目的

初步探索社区党建引领下的助老服务基层治理模式，形成社区助老护老服务风气，宣扬尊老爱老社区文化。

（二）目标

（1）招募及培育至少 20 名助老党员志愿者。

（2）为社区至少 20 户特殊困难长者各提供 1 次入户探访及助餐服务。

（3）至少 80% 被服务长者感受到来自党和社区的关爱。

四、活动安排

阶段	时间	环节名称	具体内容	人员分工	物资
前期准备	6 月 19 日前	前期沟通	活动方案沟通、合作方走访沟通等	程社工 陈社工	
	6 月 23 日前	活动方案定稿	完成活动方案、流程分工等撰写	程社工 陈社工	活动方案
	6 月 23 日前	活动招募及报名准备	完成活动招募通知与海报设计，活动报名表及签到表设计	欧社工	
	6 月 23 日	活动分工筹备会议	召开工作人员活动分工筹备会，明确各工作人员筹备工作分工、任务与时限	程社工	活动筹备分工明细表
	6 月 28 日前	完成活动招募	（1）完成活动招募：20 名党员志愿者，20 名社区长者，以及 20 户特殊困难长者。 （2）收集 20 名现场参加者及 20 名助老志愿者的身份信息，用于购买保险	林社工	志愿者名单 活动报名表

阶段	时间	环节名称	具体内容	人员分工	物资
前期准备	6月29日前	活动物资准备	（1）活动物资购买及确认。 （2）活动横幅制作。 （3）祝福卡片制作。 （4）活动参加者（40人）保险购买	程社工 欧社工	活动物资清单
	6月29日上午	工作人员活动分工筹备检视会	（1）检视活动前分工落实情况。 （2）明确活动当天各环节人员分工，确保工作人员明确自身及其他工作人员在各环节的角色与工作任务	程社工 陈社工	活动筹备分工明细表 活动流程分工表
	6月29日下午	助老志愿者培训	与志愿者确认活动流程分工，确保志愿者明确各环节工作任务，并能协助社工顺利实施各环节服务内容。 （1）简介活动目的的意义、支持单位、工作人员，欢迎志愿者到来。 （2）自我介绍，相互认识：我是谁？作为社区助老志愿者我可以为社区助老服务贡献什么？我对参与社区助老服务有什么担心？我对社区助老服务有什么期待？ （3）助老服务开展流程、分工及内容，助老服务要求及重要注意事项。 （4）与志愿者讨论、确定家乡餐食制作的菜单与注意事项。 （5）提问与答疑。 （6）感恩与感谢	程社工 欧社工	签到表 签字笔 活动流程分工表 菜谱
7月1日活动安排			（一）社区活动室		
	7月1日 8：30— 9：30	场地布置及签到	（1）场地布置： ①20把稳固、有靠背凳子围绕桌子按U形摆放。 ②签到区布置。 ③茶点区布置。 ④其他活动物资及道具准备。 （2）参加者签到	陈社工 2名党员志愿者	签到表 签字笔 干花插花材料 活动反馈问卷

续表

阶段	时间	环节名称	具体内容	人员分工	物资
7月1日活动安排	7月1日 9：30— 9：40	活动介绍	（1）介绍本次活动的目的与意义，欢迎参加者的到来。 （2）介绍整场活动流程安排	程社工	PPT
	7月1日 9：40— 9：55	热身：唤醒参加者	健身操： （1）参加者站立，与四周至少保持1米距离； （2）参加者跟随舒缓音乐，在社工带领下做健身操	陈社工 2名党员志愿者	
	7月1日 9：55— 10：45	干花花束制作	（1）社工向参加者明确制作干花花束的用途：20份用于探访社区特殊困难长者。 （2）社工一一介绍干花插花材料。 （3）社工做干花插花及花束制作示范。 （4）社工逐步介绍制作步骤，并按照步骤讲授制作方法（鼓励每位参加者完成2份作品，其中1份用于社区探访，1份作为给自己的奖励）。 （5）社工引导参加者分享花束作品的名称和寓意。 （6）社工引导参加者填写送给社区特殊困难长者的祝福卡片	程社工 2名党员志愿者	干花插花材料及工具 祝福卡片
	7月1日 10：45— 11：00	活动总结	（1）每人以一句话分享活动参与感受，以及对活动的意见与建议等。 （2）活动总结与感谢	程社工	活动反馈问卷
	（二）社区某合作餐厅				
	7月1日 8：30前	活动签到	（1）志愿者签到。 （2）准备场地	欧社工	签到表 活动横幅
	7月1日 8：30— 10：30	制作餐食	（1）志愿者按照活动分工在餐厅志愿者的协助下制作家乡餐食。 （2）分餐（20份餐食，每份餐食可供2人食用）	欧社工 12名党员志愿者	餐盒套装 20个
	7月1日 10：30— 11：00	取餐	11：00前陆续将20份餐食运送至社区活动室	欧社工 6名党员志愿者	印花贴纸 若干

阶段	时间	环节名称	具体内容	人员分工	物资
			（三）社区特殊困难长者家		
	7月1日 11：00— 11：10	行前准备	（1）在社区活动室集合，由社区书记带领党员志愿者在党旗下宣誓。 （2）整装拍照。 （3）分组出发，一组负责2户特殊困难长者	陈社工	20份餐食 20份干花束
	11：10— 12：00	探访社区特殊困难长者	（1）社区书记带队分组探访社区特殊困难长者20户。 （2）送上餐食（餐盒需要回收）、干花花束及祝福卡片，同庆党的生日。 （3）宣传党的方针政策，让其感受到党的温暖与关爱。 （4）访谈参加者分享活动感受，提出对活动的意见与建议等	程社工 欧社工 陈社工 林社工 20名党员志愿者	活动访谈提纲
7月1日活动安排			**（四）社区某合作餐厅**		
	7月1日 12：00— 12：30	休整	餐厅集合与休整：工作人员需留意党员志愿者的身体状况	程社工	
	7月1日 12：30— 14：00	助老志愿者服务总结、分享与交流会	（1）社区书记发言，对助老党员志愿者表示感谢。 （2）社工引导助老志愿者进行服务总结、分享与交流： ①参与服务活动过程中遇到的问题与困难，自己的感受如何； ②活动过程中让自己难忘的瞬间； ③自己比较欣赏的一个伙伴； ④认为活动比较好的地方、可以继续保持的地方； ⑤活动有待继续待改进的地方； ⑥对活动的意见与建议。 （3）生日仪式：吃蛋糕，同庆党的生日。 （4）进行活动总结，再次对助老党员志愿者的付出表示感谢。 （5）活动结束，提醒志愿者注意安全	程社工	餐食 生日蛋糕

续表

阶段	时间	环节名称	具体内容	人员分工	物资
活动跟进	7月1日下午	场地整理	（1）整理活动场地。 （2）清点及整理活动物资	欧社工	
	7月1日下午	活动总结与分享	召开工作人员服务活动总结与分享会，检视活动全过程（含活动筹备）	程社工	
	7月2日前	活动资料整理	（1）统计活动参与人数。 （2）统计活动评估问卷调研结果及志愿者观察记录。 （3）筛选活动照片。 （4）撰写活动通讯并发布	程社工 陈社工 欧社工	数据资料 活动照片
	7月7日前	总结报告	完成活动总结报告，并依照机构相关程序完成活动资料存档	程社工	总结报告

五、活动评估

序号	评估项	评估指标	评估方法
1	出席人数	至少有20名党员志愿者、20名社区长者、20户特殊困难长者家庭参与活动	活动签到表
2	目标	（1）招募及培育至少20名助老党员志愿者。 （2）为社区至少20户特殊困难长者各提供1次入户探访及助餐服务。 （3）至少80%被服务长者感受到来自党和社区的关爱	活动反馈问卷 观察记录 结果记录纸
3	满意度	至少80%的参加者对活动时间、活动地点、活动形式、活动内容、工作人员态度、工作人员能力等表示"满意"或"非常满意"	活动反馈问卷
4	文档记录	文档记录及时、完整	检查文档资料

六、困难预估

序号	预计困难	解决方法
1	在3个地点实施活动，活动衔接可能会出现断层	（1）活动前做好分工，确保各环节顺畅衔接。 （2）专人跟进各环节内容衔接，确保不出现断层。 （3）确保每一位工作人员都非常清楚自己与他人在活动全过程中的工作职责，必要时能及时补位

续表

序号	预计困难	解决方法
2	天气炎热，志愿者工作量大，身体容易出现不适	（1）准备好充足饮水。 （2）活动前提醒提前备好防晒用具，强调自身安全防护。 （3）各组负责人密切关注志愿者身体状况，做好评估，并结合志愿者实际情况灵活安排。 （4）提前准备医药箱，以备不时之需。 （5）购买保险
3	其他	随机应变

第三节　社区志愿者领域实务要点

民政部2013年印发的《中国社会服务志愿者队伍建设指导纲要（2013—2020年）》指出，要建立社会工作者与志愿者联动机制，充分发挥社会工作专业人才在组建团队、发现需求、规范服务、拓展项目、培训策划等方面专业优势，形成社会工作者引领志愿者、志愿者协助社会工作者的服务格局。

《中共中央关于进一步全面深化改革 推进中国式现代化的决定》指出，要健全社会工作体制机制，加强党建引领基层治理，加强社会工作者队伍建设，推动志愿服务体系建设。在社会工作实务过程中，社区志愿者为社会工作者在社区开展专业服务提供了人力和智力资源，是社会工作者开展专业服务不可或缺的重要力量。

一、社区志愿者的分类和特点

在社区，我们通常接触到的志愿者一般有学生志愿者、专长志愿者、老年志愿者及新兴领域志愿者等。

1. 学生志愿者

学生志愿者往往有热情、有朝气，他们或是为了完成学校要求的社会实践，或是想提升自身能力，或是进行专业实习。社会工作者可结合他们自身的兴趣、爱好、特长、能力等安排他们参与儿童及青少年服务设计、社区探访、社区活动协助等服务。一方面可以提升学生志愿者的社会服务能力，另一方面也是在为社区培育基层治理服务的储备人才。

2. 专长志愿者

专长志愿者有理发、剪纸、化妆、插花、舞蹈、唱歌、书法等方面的专长，社会工作者可邀请他们参与社区组织的各类培训课程及活动，作为各类培训及活动的"义教老师"，培育更多的专长志愿者服务社区。

3.老年志愿者

老年志愿者通常已退休，拥有丰富的生活经验，或在某些方面有深刻的造诣，或在社区生活较久对社区较为熟悉，或对社区居民情况较为熟识。社会工作者可邀请他们参与社区探访、困境家庭结对帮扶、社区矛盾纠纷调解等活动，为社区治理贡献力量。

4.新兴领域志愿者

新兴领域志愿者未必生活在社区，但他们工作在社区。他们或是外卖骑手，或是快递员，他们每日穿梭在社区的大街小巷，对社区地理及人口情况"了如指掌"。社会工作者可邀请及动员他们发挥自身优势，兼任"社区情报员"，为社区治理建言献策。

二、常用理论

常用理论主要包括社会学习理论、优势视角理论、社会支持理论、九型人格理论、沟通理论等。

三、案例评析

本章精选了1个社区志愿者小组案例及2个活动案例。

优义营——社区治理领袖小组：以具有继续学习、发展自己，视社区参与为学习机会这一心理动机的积极志愿者为小组对象，通过个人层面、人际关系层面的干预与介入，带领志愿者重新认识自我，有效推动这群志愿者察觉个人的内在动机，并推动他们对社区问题的关注，激发其内在担当。同时组织他们学习及掌握分析问题和解决问题的方式方法，鼓励他们协同参与社区治理、助力社区发展，推动他们成为参与社区治理的中坚力量。

社区问题大家谈——社区开放空间讨论会：开放空间是一种富有成效的动态会议模式，能够将一个对于组织/机构很重要的主题仅在很少的规则辅助下通过一个新的空间和时间格式由参加者讨论完毕。活动运用开放空间技术，通过社区志愿者的共同参与及体验，探索社区志愿者共同关心的社区问题，进而发掘解决相应社区问题的方式方法，为社区志愿者参与社区治理提供方向与指引。

党员志愿者在行动——社区长者关爱活动：以一场社区长者关爱服务活动为例，从活动前志愿者培训、志愿者参与活动和志愿者服务后总结三个部分，完整呈现了社会工作者如何培育志愿者、如何引领志愿者及志愿者如何协助社会工作者参与社会服务的过程。

四、设计要点

（一）小组活动设计

在培育志愿者的小组活动设计过程中，社会工作者需要注意以下几点。

第一，在小组活动开展前，社会工作者需对组员能力进行评估，筛选匹配的组员。例如，针对志愿者骨干的培训，从志愿者骨干的挑选上，一方面要求志愿者的能力和参与社区服务的积极性均较高，另一方面需要志愿者具备乐于学习、敢于接受挑战的精神。因此，在前期志愿者的招募和筛选上需要做好与志愿者骨干的面谈，评估他们的水平和了解他们对小组活动的需求。

第二，在小组活动开展中，社会工作者需要设计趣味互动活动以吸引志愿者参与，把握参加者的参与动机，发挥志愿者的积极性。

第三，在小组活动结束后，社会工作者仍需跟进和支持组员的成长。小组活动结束后，社会工作者在一定时间内（通常为半年或一年）带领志愿者骨干参与到社区服务的策划中，并且定期对其进行督导，才能让他们真正运用和实践社区服务策划和服务技能的知识，成长为能独立开展社区服务的重要力量。

（二）社区活动设计

社会工作者在推动志愿者参与社区治理的过程中，不能仅仅停留在概念的设想上，更重要的是带领志愿者从设计走向获取资源、采取行动，真正进入社区需求回应和社区问题解决层面。

设计活动时，社会工作者应深入思考如何有效发挥社区志愿者的资源、优势与力量，把社区活动作为锻炼社区志愿者的实践练习和培养方式。一方面，社会工作者在活动前期的筹备过程中可以积极听取社区志愿者的意见与建议，邀请他们参与到服务策划中来，充分发挥他们的主观能动性。另一方面，社会工作者在活动结束后可邀请社区志愿者一起总结活动实施情况，客观、全面检讨活动的成效与不足。

（三）志愿者招募

招募志愿者时，我们需要及时收集并做好志愿者信息登记，包括但不限于基本信息、优势特长、参与动机、期待与建议等，以便我们充分了解及掌握志愿者情况，并结合志愿者实际情况开展相应培育，促进志愿者能力提升，推动志愿者个人成长。

（四）志愿者培训

社区志愿者培训一般包括以下两大类。一类是通识培训，主要通过讲座、工作坊、小组活动等方式，向社区志愿者讲授有关社区志愿服务的内容、要求及注意事项，提升社区志愿者的服务策划及问题解决能力，培育骨干志愿者等。另一类是专项服务培训，主要是指在某项服务开始之前，社会工作者通过会议、工作坊等形式，向参与该服务的志愿者介绍服务情况与服务要求，主要包括服务时间安排、流程内容、任务分工、注意事项等，确保志愿者能有效协助社会工作者开展相应服务。

五、关键词总结

（一）积极参与

引导、推动及鼓励志愿者积极参与服务的各个阶段。

（二）收获意义与价值

定期开展志愿者团队建设，引导志愿者及时总结与梳理其在参与志愿服务中的收获、探讨志愿服务的意义与价值等，增进志愿者对志愿服务的价值认同，提升志愿者参与社区服务的积极性。

（三）被肯定、被看见

每年度至少举办一次社区志愿服务总结表彰活动，总结社区志愿者年度服务情况，对社区志愿者的付出进行肯定与赞赏，对志愿服务事迹进行宣扬，对优秀社区志愿者进行表彰。

（四）有成长

在设计相应服务方案时，应确保该服务能使服务对象有成长、志愿者有成长、社会工作者有成长。

（五）优势视角

相信志愿者的优势与能力，并予以充分发挥。

六、思考题

（1）社区志愿者在上述3个案例中的角色分别是什么？

（2）社区志愿者与社会工作者的关系是什么？

（3）参考范例，设计一个动员社区志愿者协助残障人士走出家门的活动方案。

第八章

督导与培训方案

第一节 督导方案范例

方案1 督导年度工作计划

一、引言/背景

社工督导：程督导

计划期限：2018年3月—2019年2月

督导团队：M街道4个社区党群服务中心、L街道3个社区党群服务中心，共计7名项目负责人、21名社工、18名行政辅助人员

本年度，本人将围绕提升项目负责人督导实务及管理能力、促进团队及社工个人成长这一年度工作方向，持续探索更有效的社会工作督导模式。

二、需求评估

结合督导团队上一年度中期及末期绩效评估、社工日常工作表现、项目负责人意见反馈、中心评估结果、上一合同期区级评估专家对中心工作意见及反馈，以及项目购买方及使用方意见反馈、本年度督导培训计划讨论会、督导组社工督导需求及个人成长目标与方向，对本人所督导的中心团队、项目负责人及一线社工本年度督导及培训工作需求做出以下分析。

（一）中心团队

1.区域联动合作服务探索

（1）机构内资源整合；

（2）同一街道各中心服务联动与合作；

（3）督导组各中心或项目间的服务联动与合作；

（4）各团队区域联动合作服务的意识与统筹能力提升。

2.服务成效测评不足

（1）缺乏系统的需求评估或调研方案，评估或调研形式、方法不够多样，缺少相应过程性痕迹资料的留存；

（2）定期开展中心服务成效测评工作未有效落实，或是将服务成效测评与社工绩效评估混为一谈；

（3）机构没有一套明确的服务成效测评指引供一线人员使用。

3.团队规范性：

（1）团建及朋辈学习工作缺乏计划性；

（2）各项制度及流程有待修订及完善。

（二）项目负责人

（1）上一年度督导组近半数项目负责人发生变动，新晋项目负责人各项工作能力有待提升，尤其是经费监管与使用。

（2）新晋项目负责人尤其缺乏为一线社工独立提供正式督导的意识或能力。

（3）时间管理能力、团队管理能力及计划性略有不足。

（4）对党群服务中心定位认识不清晰，影响与用人单位关系的建立。

（三）一线社工

（1）新入职社工对服务认识不清晰，专业信念与价值认识不足。

（2）专业文书撰写效率及质量不高，尤其是在目的、目标及评估指标方面的制定存在困难。

（3）中心社工个案服务量少，缺乏辅导性个案经验，惧怕开展个案服务。

三、年度工作主题与目的

（一）年度工作主题

专业、服务、成长。

（二）年度工作目的

（1）提升团队各项工作的计划性。

（2）提升项目负责人的团队管理及实务督导能力，促进其成长与发展。

（3）提升一线社工一线实务能力，增进其专业认同，促进其专业成长与发展。

四、年度工作目标

（一）中心团队

问题/需要的成因	成效目标	成效指标
1."大社区"服务要求：用人单位强调地域资源共享，期望社工机构能够开展联动类服务，以期提升社工服务的影响力及范围	1.增强中心区域联动服务的意识与能力	1.1每个街道的社区党群服务中心至少探索一个项目进行联动类合作服务 1.2每个中心至少负责一个联动类合作项目 1.3每个联动类合作项目至少能覆盖3个社区的居民

问题/需要的成因	成效目标	成效指标
2.服务成效测评不足：缺乏系统的需求评估或调研方案，评估或调研形式、方法不够多样，缺少相应过程性痕迹资料的留存	2.增强中心服务成效测评的意识与能力	2.1撰写并提交一份系统的年度需求调研方案 2.2每季度提交一份服务成效测评报告 2.3至少运用2种成效测评工具或方式方法 2.4成效测评痕迹资料完整
3.团队工作计划性有待提升：①团建及朋辈学习缺乏计划性；②各项制度及流程有待修订及完善	3.提升团队工作计划性	3.1撰写一份系统的年度团建及朋辈学习方案 3.2每次团建及朋辈学习均有完善的资料存档 3.3优化团队各项制度及使工作流程顺畅 3.4中心各项团队管理工作均有完整的痕迹资料留存

（二）项目负责人

问题/需要的成因	成效目标	成效指标
1.计划性不足，执行及检测能力有待提升	1.提升团队各项工作规划、落实及监管能力	1.1项目负责人能独立带领团队合理制定中心年度工作计划（含经费）及做好年度工作总结 1.2项目负责人能定期监控团队各项工作进度，并能结合团队实际做出适当调整 1.3服务有变更部分均有相应申请记录 1.4各项目经费支出均有1份明确的经费使用记录 1.5项目负责人能对经费使用过程进行有效监控，保证项目零透支
2.缺乏为一线社工独立提供正式督导的意识与能力	2.提升计划及落实实务督导的意识与能力	2.1项目负责人能主动发现社工督导需求，并做出督导计划与安排 2.2项目负责人每月至少独立提供2次个人或集体的实务督导，且每次督导后均有相应的督导记录 2.3项目负责人至少参与或协助社工督导或中级督导，完成至少1场专业培训
3.团队管理能力不足	3.提升团队管理及领导能力	3.1团队社工都明确知晓中心年度工作方向，100%完成协议指标与内容 3.2项目负责人能处理好与团队成员及团队成员间的关系 3.3团队分工明确，90%及以上的团队任务能在约定时间内合作完成 3.4至少有一个中心能够在机构年度表彰中荣获机构"优秀团队"

续表

问题/需要的成因	成效目标	成效指标
4.对党群服务中心定位认识不清晰，影响与用人单位关系的建立	4.能有效处理与用人单位之间的工作关系	4.1 项目负责人能明确自身及团队社工的角色与任务 4.2 项目负责人每月至少一次主动与用人单位沟通及汇报相应工作情况 4.3 对于中心与用人单位间的工作关系，80%及以上项目负责人均能有效处理

（三）一线社工

问题/需要的成因	成效目标	成效指标
1.新入职社工对服务认识不清晰，对专业信念与价值认识不足	1.胜任社工基本工作，秉持社工专业价值，开展一线服务	1.1 80%及以上的社工，在开展服务过程中未出现专业价值偏差 1.2 个人年度服务指标完成情况在90%及以上 1.3 80%及以上的新入职社工接受至少一次有关专业价值伦理的督导或培训
2.专业文书撰写效率及质量不高	2.提升文书撰写及服务设计能力	2.1 专业文书提交及时率在80%及以上 2.2 专业文书修改次数在3次以下
3.中心社工个案服务量少，缺乏辅导性个案经验，惧怕开展个案服务	3.增强个案服务意识与能力	3.1 每位社工每年度至少开展1例辅导性个案

五、工作计划与安排

对象	成效目标	过程目标	可行方案（服务细项）
中心团队	1.增强中心区域联动服务的意识与能力	1.1 推动同一街道不同中心的联动类合作服务项目	1.1.1 结合每月一次的督导组项目负责人会议，推动该联动类合作服务的讨论，达成合作服务共识 1.1.2 以分领域服务项目合作为起点，推动同一街道不同中心的项目合作 1.1.3 每一合作项目结束后，均须有相应服务成果手册 1.1.4 项目完成后，由机构代表中心向街道汇报项目服务成果

对象	成效目标	过程目标	可行方案（服务细项）
中心团队	2. 增强中心服务成效测评的意识与能力	2.1 定期进行中心服务成效测评	2.1.1 修订及完善中心成效测评机制 2.1.2 中心撰写并提交一份系统的年度需求调研方案（回应四类需求），方案中调研方式至少有三种，且包含每次服务所使用的评估方式 2.1.3 社工结合中心年度需求调研方案，开展每项服务的需求评估或成效测评，并保存完整的需求调研及成效测评痕迹资料 2.1.4 中心定期汇总成效测评数据资料，每个中心每季度提交一份服务成效测评报告
	3. 提升团队工作计划性	3.1 做好团队管理工作，确保各项工作依照计划有序进行	3.1.1 开展"制定中心MVV"培训，指导各中心制定中心MVV及发展规划，明确中心未来发展方向 3.1.2 修订及完善团队管理制度，每周定期召开工作例会 3.1.3 社工离职/转岗手续完结前均能完成所有交接工作 3.1.4 修订及完善各项中心制度，且中心各项工作均有完整的痕迹资料留存 3.1.5 存档员每月定期核查中心各项工作资料存档情况，及时发现及时整改 3.1.6 制定年度朋辈学习方案，中心结合团队朋辈学习方案定期开展朋辈学习，并留存相应过程及痕迹资料 3.1.7 制定年度团队建设方案，中心依照计划开展团队活动，并做好相应团建记录 3.1.8 每个项目均有1份合理的经费预算，中心依照各项目经费预算有效监控及使用经费，每个项目均有1份明确的经费使用明细记录
项目负责人	1. 提升团队各项工作规划、落实及监管能力	1.1 培育项目负责人工作规划技术与能力	1.1.1 开展"制定中心MVV"培训，指导各中心制定中心MVV及发展规划，明确中心未来发展方向 1.1.2 督促项目负责人学习《成效管理：非营利社会服务组织全面实践策略》第3～7章 1.1.3 计划并落实中心团建/朋辈学习方案、社工个人成长方案 1.1.4 项目负责人学习带领团队依照相应计划总结模板，制订中心年度工作计划，做好年度工作总结 1.1.5 每月开展一次项目负责人集体督导

续表

对象	成效目标	过程目标	可行方案（服务细项）
项目负责人	2. 增强计划及落实实务督导的意识与能力	2.1 培育项目负责人督导功能的发挥和提升	2.1.1 督促项目负责人学习《成效管理：非营利社会服务组织全面实践策略》第12~13章 2.1.2 督促项目负责人参加中级督导举办的"督导能力提升"系列培训 2.1.3 项目负责人在社工督导统筹下独立开展直接督导工作，并形成相应督导工作记录 2.1.4 每月开展一次项目负责人集体督导
	3. 提升团队管理及领导能力	3.1 培育项目负责人团队管理及领导能力	3.1.1 督促项目负责人以身作则，做好工作示范 3.1.2 指导项目负责人带领团队社工一起制订团队工作计划，确保团队成员明确团队工作重点与方向 3.1.3 督促项目负责人定期召开工作沟通会议，促进团队沟通 3.1.4 督促项目负责人制定中心团建及培训方案并真正落实 3.1.5 督促项目负责人参加中级督导举办的"督导能力提升"系列培训 3.1.6 每月开展一次项目负责人集体督导
	4. 能有效处理与用人单位之间的工作关系	4.1 积极主动与用人单位建立正向关系	4.1.1 项目负责人能明确自身及团队社工的角色与定位 4.1.2 项目负责人能定期主动与用人单位沟通及汇报相应工作情况 4.1.3 项目负责人能积极推动团队社工与用人单位有效互动 4.1.4 积极寻求与用人单位之间的有效合作
一线社工	1. 能胜任社工基本工作，秉持社工专业价值，开展一线服务	1.1 督促中心做好社工入职指引工作	1.1.1 督促各中心依照《社工入职指引》带领新社工，促进新社工对中心服务的认识与了解 1.1.2 指引社工做好个人成长方案，并具体落实 1.1.3 试用期每月至少3次个别面谈 1.1.4 督促、鼓励及支持团队社工积极参与机构组织的新入职社工系列培训，接受专业价值与伦理方面的培训 1.1.5 督促、鼓励及支持团队社工积极参与社协组织的社工岗前培训等 1.1.6 社工每次参与培训后均有相应培训心得或记录

续表

对象	成效目标	过程目标	可行方案（服务细项）
一线社工	2. 提升文书撰写及服务设计能力	2.1 指导社工做好服务计划及文书撰写工作	2.1.1 项目负责人依照督导组文书批复流程及时批复社工文书，督促社工积极反思 2.1.2 督导组开展1场"社工专业文书撰写"培训 2.1.3 督促、鼓励及支持社工参与机构组织的新入职社工系列培训 2.1.4 开展实务督导
	3. 增强个案服务意识与能力	3.1 督促社工开展直接个案服务	3.1.1 督促团队做好年度个案指标进度安排，指导社工将个案服务能力提升列入个人年度成长方案 3.1.2 督促社工每年至少开展1例辅导性个案 3.1.3 定期开展实务督导跟进社工个案服务情况，每个中心每月至少一次利用例会或集体督导探讨个案服务 3.1.4 督促中心每季度召开个案工作会议 3.1.5 每位社工至少能参加1场有关个案服务的培训 3.1.6 与社工一起开展个案服务，做好示范

六、风险预估

预计困难/风险	应对方案
1. 社工离职或转岗对原岗位各项工作带来不利影响	1.1 提前安排人员招聘 1.2 依照《社工离职/转岗指引》要求，进行各项工作交接，尽量将不利影响降至最低 1.3 针对未能避免的不利影响，积极总结经验，完善督导组《社工离职/转岗指引》，并通过每月项目负责人集体督导进行总结检讨
2. 各项工作未能够依照计划有效落实	2.1 召开2018年督导培训工作计划讨论会，并结合讨论结果制订年度工作计划 2.2 及时与各项目负责人沟通协调，确保各项工作时间安排合理 2.3 每月召开项目负责人集体督导会议，定期检视各项工作进展情况，确保计划得以有效落实
3. 其他突发状况	3.1 做好工作规划，制作常规工作时间表，尽量降低突发事件的影响 3.2 随机应变

七、成效评估

对象	成效	成效指标	评估方法/工具
中心团队	1.增强中心区域联动服务的意识与能力	1.1 每个街道的社区党群服务中心至少探索1个项目进行联动类合作服务	查阅服务文档
		1.2 每个中心至少负责1个联动类合作项目	查阅服务文档、成果手册
		1.3 每个联动类合作项目至少能覆盖3个社区的居民	查阅服务文档、数据统计资料
	成效2：增强中心服务成效测评的意识与能力	2.1 每个中心提交1份系统的年度需求调研方案	查阅服务文档
		2.2 每季度提交1份服务成效测评报告	查阅服务文档、邮件记录
		2.3 至少运用2种成效测评工具或方式	查阅服务文档、测评痕迹
		2.4 成效测评痕迹资料完整	查阅服务文档
	成效3：提升团队工作计划性	3.1 撰写1份系统的年度团建及朋辈学习方案	查阅服务文档
		3.2 每次团建及朋辈学习均有完善的资料存档	查阅服务文档
		3.3 团队各项制度及工作流程完善及顺畅	查阅服务文档
		3.4 中心各项团队管理工作均有完整的痕迹资料留存	查阅服务文档
项目负责人	成效1：提升团队各项工作规划、落实及监管能力	1.1 项目负责人能独立带领团队合理制订中心年度工作计划（含经费）及做好年度工作总结	查阅服务文档、绩效评估结果
		1.2 项目负责人能定期监控团队各项工作进度，并能结合团队实际做出适当调整	查阅服务文档、绩效评估结果
		1.3 服务变更部分均有相应申请记录	服务变更记录
		1.4 各项目经费支出均有明确的经费使用记录	项目经费使用明细表
		1.5 项目负责人能对经费使用过程进行有效监控，保证项目零透支	财务审计报告

续表

对象	成效	成效指标	评估方法/工具
项目负责人	2.增强计划及落实实务督导的意识与能力	2.1 项目负责人能主动发现社工督导需求，并做出督导计划与安排	每月督导计划、督导记录
		2.2 项目负责人每月至少独立提供2次个人或集体的实务督导，且每次督导后均有相应的督导记录	督导记录
		2.3 项目负责人至少参与或协助社工督导或中级督导，完成至少1场专业培训	自办培训资料
	3.提升团队管理及领导能力	3.1 团队社工都明确知晓中心年度工作方向，100%完成协议指标与内容	1.例会记录、督导记录、社工访谈 2.一线社工/项目负责人绩效评估、中心反馈 3.机构表彰邮件或通知
		3.2 项目负责人能处理好与团队成员及团队成员间的关系	
		3.3 团队分工明确，90%及以上的团队任务能在约定时间内合作完成	
		3.4 至少有一个中心能够在机构年度表彰中荣获机构"优秀团队"	
	4.能有效处理与用人单位之间的工作关系	4.1 项目负责人能明确自身及团队社工的角色与任务	绩效评估结果
		4.2 项目负责人每月至少一次主动与用人单位沟通及汇报相应工作情况	用人单位沟通记录
		4.3 对于中心与用人单位间的工作关系，80%及以上项目负责人均能有效处理	绩效评估结果
一线社工	1.能胜任社工基本工作，秉持社工专业价值，开展一线服务	1.1 80%及以上的社工，在开展服务过程中未出现专业价值偏差	社工评估记录及结果
		1.2 社工个人年度服务指标完成情况在90%及以上	个人指标完成情况
		1.3 80%及以上的新入职社工接受一场有关专业价值伦理的培训	社工培训记录
	2.提升文书撰写及服务设计能力	2.1 专业文书提交及时率在80%及以上	查阅服务文档、文书批复记录
		2.2 专业文书修改次数在3次以下	
	3.提升个案实务能力	3.1 每位社工每年度至少开展1例辅导性个案	查阅服务文档

方案2　社工督导计划

一、基本信息

社工督导：程督导

计划期限：2018年3月—2019年2月

督导团队：M街道4个社区党群服务中心、L街道3个社区党群服务中心，共计7名项目负责人、21名社工、18名行政辅助人员

二、引言/背景

过去一年，本人持续探索及运用EPS（充权、参与、优势视角）模式指导开展实务督导工作。

（一）充权

（1）协助项目负责人达致充权，包括树立项目负责人权威，每月召开集体督导会议促进项目负责人对自身的认识及增强信心，给予项目负责人独立提供督导服务的机会等。

（2）协助一线社工达致充权，包括指导社工制定个人成长方案并关注社工个人的专业成长及改变、充分相信社工的能力并给予其信心和勇气，给予其支持和鼓励提供其专业认同的价值感等。

（二）参与

（1）鼓励及注重项目负责人在督导组集体工作中的参与，包括每月项目负责人集体督导会议的轮流召集及议题收集，商讨及解决督导组共同的问题；项目负责人集体参与并制定督导组各类工作及服务指引；督导组集体培训，各项目负责人轮流负责组织、确定并实施；注重项目负责人对正式督导服务的参与及独立提供正式督导服务等。

（2）鼓励及注重一线社工在督导工作中的参与，包括每月收集一线社工的督导需求，结合其需求提供相应的督导服务；定期收集社工的培训需求，了解并充分运用社工的能力，提供相应培训；由社工个人规划自己的督导时间及内容等。

（3）鼓励及注重团队社工在中心例会工作中的参与，包括每周例会的轮流召集、议题收集、会议主持及记录撰写，充分发挥各位社工的主观能动性。

（三）优势视角

（1）充分相信项目负责人的能力，充分利用项目负责人的优势与能力促进督导团队

的成长与进步，解决督导团队面临的共同问题。

（2）充分相信一线社工的能力，给予其足够宽广的空间供其发挥，鼓励其充分发挥想象并积极尝试，不断总结与反思；充分运用社工个人的能力推动督导团队的成长。

通过EPS模式的指导，我督导组年度督导工作均能依照原定计划有序、有效落实，社工反馈良好。新的一年，本人也将继续围绕提升项目负责人督导实务能力、促进团队及社工个人成长这一年度工作方向，持续探索并进一步有效运用EPS模式，指导及开展实务督导工作。

三、年度督导工作目标

（一）总体目标

各中心或项目接受市级、区级、街道级评估分数至少达到良好及以上；主管部门、用人单位对服务点评价良好，如有填写履约评价表，应能达到良好及以上等级；没有产生服务对象对社工的有效投诉。

（二）行政目标

进一步规范督导团队团建及朋辈学习，改变原有单纯聚会的内容安排，促进团队建设与朋辈学习、外出学习交流相结合，促进团队有效沟通的实现；规范团队民微项目服务资料存档，检查资料存档情况，对于存档工作中的问题及时发现及时整改；有效监管中心服务经费，以保证服务的顺畅进行。

（三）支持目标

给社工提供情绪支持，让社工感受到关怀、理解及信任，引导其发掘自身工作动力，增强其工作热情；定期开展督导组内外部团建、培训学习等交流活动，提升督导团队社工的凝聚力与归属感，建立高效督导团队。

（四）教育目标

协助社工制定个人成长方案，通过个别督导、集体督导、现场督导、培训学习、绩效评估等方式，给社工正确、及时、有效的指导，以促进社工专业能力的提升。

（五）团队成效目标

增强中心区域联动服务的意识与能力；增强中心服务成效测评的意识与能力；提升团队工作计划性。

四、督导形式与内容

（一）督导形式和频率安排

尽量保障每位社工和项目负责人每月一次的个别督导及集体督导。

1.计划性的、正式的督导流程

各中心于每月最后一周的周一下午下班前收集社工下月督导需求，并将收集到的社工督导需求发送至督导邮箱，督导参考社工提出的需求和期望的时间，结合团队和服务的需要及年度培训计划安排，制订督导团队月度督导计划，发给督导团队各社工查阅并提前做好督导及培训工作准备。

2.非计划性的督导流程

项目负责人或督导通过工作观察发现，或由社工临时提出督导议题申请，督导双方可就督导时间、督导内容及形式进行协商确定，非计划性的督导即可实施。

3.固定督导日确定

与督导组各团队协商确定每月固定督导日，在时间方面保证督导工作实施的可行性。如因特殊情况需要调整，则可与个别中心进行具体沟通。

（二）督导内容

1.个别督导

针对一线社工的督导内容包括新社工入职指引，服务方案设计，实务指导，工作情况检视，绩效评估，实务工作现场督导等。

针对项目负责人或小组长的督导内容包括团队管理，服务管理，项目管理，人力资源管理，个人成长方案设计，社工绩效评估面谈，实务工作现场督导，社工培训设计与实施，学习如何给社工提供督导等。

2.集体督导

针对一线社工的督导内容包括有效融入团队，建立团队关系，制订团队年度计划，制定个人成长方案，进行团队分工合作，促进团队社工之间的工作交流；促进团队社工之间的彼此学习和相互支持，团队社工情绪分享及团队建设等。

针对项目负责人的集体督导内容包括制度建设，指导新入职社工融入团队，与用人单位领导进行沟通及完成各项汇报工作，进行团队管理，协助项目负责人处理工作疑难问题，促进项目负责人之间进行工作交流及彼此学习和相互支持，项目负责人情绪分享及团队建设，中期与终期工作总结与述职等。

五、进度安排

（一）项目负责人

成效目标	过程目标	可行方案（服务细项）	时限和方式
1. 提升团队各项工作规划、落实及监管能力	1.1 培育项目负责人工作规划技术与能力	1.1.1 开展"制定中心MVV"培训，指导各中心制定中心MVV及发展规划，明确中心未来发展方向 1.1.2 督促项目负责人学习《成效管理：非营利社会服务组织全面实践策略》第3～7章 1.1.3 计划并落实中心团建/朋辈学习方案、社工个人成长方案 1.1.4 项目负责人学习带领团队依照相应计划总结模板，制订中心年度工作计划，做好年度工作总结 1.1.5 每月开展一次项目负责人集体督导	培训/督导结束后，每半年 个人督导，集体督导，查阅存档资料
2. 增强计划及落实实务督导的意识与能力	2.1 培育项目负责人督导功能的发挥和提升	2.1.1 督促项目负责人学习《成效管理：非营利社会服务组织全面实践策略》第12～13章 2.1.2 督促项目负责人参加中级督导举办的"督导能力提升"系列培训 2.1.3 项目负责人在社工督导统筹下独立开展直接督导工作，并形成相应督导工作记录 2.1.4 每月开展一次项目负责人集体督导	每月，每半年 个人督导，集体督导，寻找资源、提供培训，查阅督导记录
3. 提升团队管理及领导能力	3.1 培育项目负责人团队管理及领导能力	3.1.1 督促项目负责人以身作则，做好工作示范 3.1.2 指导项目负责人带领团队社工一起制订团队工作计划，确保团队成员明确团队工作重点与方向 3.1.3 督促项目负责人定期召开工作沟通会议，促进团队沟通 3.1.4 督促项目负责人制定中心团建及培训方案并真正落实 3.1.5 督促项目负责人参加中级督导举办的"督导能力提升"系列培训 3.1.6 每月开展一次项目负责人集体督导	每季度查阅相应资料存档情况，个人督导及集体督导

成效目标	过程目标	可行方案（服务细项）	时限和方式
4.能有效处理与用人单位之间的工作关系	4.1 积极主动与用人单位建立正向关系	4.1.1 项目负责人能明确自身及团队社工的角色与定位 4.1.2 项目负责人定期主动与用人单位沟通及汇报相应工作情况 4.1.3 项目负责人能积极推动团队社工与用人单位有效互动 4.1.4 积极寻求与用人单位之间的有效合作	每月项目负责人个人与集体督导，每季度走访用人单位

（二）一线社工

成效目标	过程目标	可行方案（服务细项）	时限和方式
1.能胜任社工基本工作，秉持社工专业价值，开展一线服务	1.1 督促中心做好社工入职指引工作	1.1.1 督促各中心依照《社工入职指引》带领新社工，促进新社工对中心服务的认识与了解 1.1.2 指引社工做好个人成长方案，并具体落实 1.1.3 试用期每月至少3次个别面谈 1.1.4 督促、鼓励及支持团队社工积极参与机构组织的新入职社工系列培训，接受专业价值与伦理方面的培训 1.1.5 鼓励及支持团队社工积极参与社协组织的社工岗前培训等 1.1.6 社工每次参与培训后均有相应培训心得或记录	试用期评估；通过6月、12月两次绩效评估，检视成长方案完成情况；个人及集体督导
2.提升文书撰写及服务设计能力	2.1 指导社工做好服务计划及文书撰写工作	2.1.1 项目负责人依照督导组文书批复流程及时批复社工文书，督促社工积极反思 2.1.2 督导组开展1场"社工专业文书撰写"培训 2.1.3 督促、鼓励及支持社工参与机构组织的新入职社工系列培训 2.1.4 开展实务督导	每月开展个人或集体督导，提供培训

续表

成效目标	过程目标	可行方案（服务细项）	时限和方式
3.增强个案服务意识与能力	3.1督促社工开展直接个案服务	3.1.1 督促团队做好年度个案指标进度安排，指导社工将个案服务能力提升列入个人年度成长方案 3.1.2 督促社工每年至少开展1例辅导性个案 3.1.3 定期开展实务督导跟进社工个案服务情况，每个中心每月至少1次利用例会或集体督导探讨个案服务 3.1.4 督促中心每季度召开个案工作会议 3.1.5 每位社工至少能参加1场有关个案服务的培训 3.1.6 与社工一起开展个案服务，做好示范	个别督导，集体督导，每月一次个案服务讨论会，服务示范

六、督导成效评估与监测机制

（一）机构监测

根据深圳市鹏星社会工作服务社服务成效测评机制，督导制定年度计划、月度计划、半年与年度总结，发给机构社工服务部。每两月一次督导联席会议，每两月一次督导朋辈学习及集体督导，检视督导工作情况，监测督导工作进度。机构组织年中和年底两次绩效评估，对督导工作表现进行评测。机构各部门对督导提交的团队资料上交时间进行统计，迟交或质量不佳，均会扣除督导绩效评估相应分数，影响督导绩效。

（二）督导自评

每半年、全年的工作总结中对督导计划完成情况进行总结与反思，另外也通过社工、团队工作表现及社工口头或书面反馈来评估督导成效。

（三）监察性评估

（1）深圳市社会工作者协会组织对督导服务过程进行监测，实施督导成效评估，给社工发放督导成效问卷，了解督导工作情况及成效，并评出相应等级。

（2）定期拜访用人单位，用人单位反馈督导成效。

（3）通过社区党群服务中心各评估等级及分数，证明督导服务成效。

方案3　社工督导专业成长计划

一、专业成长需求分析

（一）SWOT分析

因素	优势（S）	劣势（W）
1.个人因素，包括性格特点、专业能力等。 2.环境因素，包括岗位情况、能力要求等	1.乐于反思，喜欢挑战，且乐于从新事物中找到新的平衡点。 2.较具耐心，并乐于从不同角度寻找及思考问题解决方案。 3.责任心强，目标及计划性强，能坚定目标并一步步实现。 4.从事社工一线服务及实务督导近十年，有一定的一线服务经验及实务督导经验	督导及实务经验总结不足，鲜有正式的总结性的经验分享文章产出
机会（O）	SO战略	WO战略
1.社协及机构要求督导在个案、小组及社区活动方面均有产出。 2.社区民微项目及各区专项基金资助项目力度较大。 3.有2~3名经验丰富的项目负责人。 4.督导组形成一套成熟的督导流程。 5.已制定中心MVV（使命、愿景、价值观）	1.完成协会及机构要求的个案、小组、社区活动实务量。 2.梳理MVV制定经验	1.撰写1篇关于制定中心MVV的文章，争取发表。 2.撰写1篇关于实务案例的文章，争取发表
风险（T）	ST战略	WT战略
1.督导团队人数较多，人员变动较大，团队管理需花费较多时间和精力。 2.督导团队人数较多，人员变动较大，实务督导需花费较多时间和精力。 3.不固定在某一服务点，个人实务工作落实受到限制。 4.所带团队较多，涉及主管部门较多，与各主管部门沟通也需花费大量的时间和精力	1.探索适合大团队的督导及管理模式。 2.结合各团队年度计划，落实个人一线实务督导。	定期进行专业总结或反思

（二）个人成长需求总结

综合SWOT分析，本年度本人的专业成长将重点围绕一线实务能力和服务总结能力两个方面。

二、专业成长计划

成长目标	现时状态	行动具体内容/达成方法	期望达至状态/应对成果	时限
目标1：强化一线实务能力	1.一线产出不稳定。 2.没有明确的一线服务方向	1.评估督导组一线服务需要，确定年度实务工作方向与内容。 2.制订个人一线服务计划，有计划安排及落实个案、小组、社区活动指标	1.尝试运用儿童游戏治疗、叙事绘画治疗及寻解导向，开展3例个案。 2.完成1个至少6节的老年人怀旧小组	2019年12月 2019年10月
目标2：提升服务总结能力	没有任何案例类总结产出	1.梳理制定MVV的经验，撰写1篇有关制定社区党群服务中心MVV的案例总结。 2.梳理一线服务经验，撰写1篇一线实务工作总结案例	1.形成1篇制定社区党群服务中心MVV的经验总结。 2.形成1篇实务工作总结案例	2019年5月 2019年8月

三、预期困难和应对方法

预期困难	应对方法
实务督导工作较多，较难有时间撰写文字资料	1.合理规划实务督导工作，尽可能每周预留至少一天时间，用于处理各类文书工作及撰写反思文字。 2.合理规划工作与生活时间，尽可能每周有至少两个小时专门用于反思与记录。 3.随时、随手记录
个案服务量较难完成	1.提前制订年度个案服务计划（个人一线服务计划）。 2.积极接收社工反馈疑难个案。 3.与社工合作开展个案服务
文章撰写思路受限	1.多与上级沟通，理顺思路。 2.多与不同人士沟通交流，扩宽思路

四、评估

（一）评估期限

2019年1—12月。

（二）评估方法

督导自评、他人评价、督导述职及其他。

（三）评估工具

成长目标	行动具体内容及成效	目标或行动达成情况（在符合的情况下打"√"）					未达成原因及下阶段跟进计划
		达成0%	达成20%	达成50%	达成80%	达成100%	
1.强化一线实务能力	1.1评估督导组一线服务需要，确定年度实务工作方向与内容						
	1.2制订个人一线服务计划，有计划安排及落实个案、小组、社区活动指标						
	1.3尝试运用儿童游戏治疗、叙事绘画治疗及寻解导向，开展3例个案						
	1.4完成1个至少6节的老年人怀旧小组						
2.提升服务总结能力	1.1梳理制定MVV的经验，撰写1篇关于制定社区党群服务中心MVV的案例总结						
	1.2梳理一线服务经验，撰写1篇关于一线实务工作的案例总结						

五、签署

督导姓名：程督导。

撰写日期：2019年1月5日。

方案4 团队专业培训年度计划

一、团队基本情况

社工督导：程督导

计划期限：2018年3月—2019年2月

督导团队：M街道4个社区党群服务中心、L街道3个社区党群服务中心，共计7名项目负责人、21名社工、18名行政辅助人员。

二、需求分析

结合上一年度中心评估情况、用工单位反馈、社工个人成长情况、社工个人评估情况以及本年度社工个人成长计划，做出以下需求分析。

（一）项目负责人

序号	基本情况	现阶段情况	本年度需要提升的能力
1	M：原XL中心项目负责人，2016年10月入职，现任职MT中心项目负责人。一线实务经验丰富，工作能力强，擅于与用人单位建立良好工作关系	1.能独立批复社工服务文书。 2.团队管理能力较好。 3.实务督导能力一般。 4.没有参与或独立开展过培训	1.提升团队管理及带领技巧。 2.提升项目管理能力，促进制度的落实与执行。 3.提升培训能力
2	Y：2016年7月入职，现任LHB中心项目负责人。团队适应及心理调节能力强，团队管理能力较佳	1.能独立批复社工专业文书及独立提供实务督导。 2.有一定团队工作及团队管理经验。 3.社区服务及规划能力较好。 4.没有参与或独立开展过培训	1.提升项目管理能力。 2.提升团队服务规划和落实能力。 3.提升时间管理能力。 4.提升培训能力
3	W：原XM中心项目负责人，2011年8月入职，现任ML中心项目负责人。社区工作经验丰富，实务能力强，实务督导能力较佳	1.能独立与用人单位领导沟通及汇报日常工作。 2.能直接批复社工专业文书。 3.能独立进行社工绩效评估。 4.有较强的团队意识及心理调适能力。 5.实务督导能力较佳	1.进一步提升专业实务能力。 2.提升项目策划及管理能力。 3.提升专业总结能力。 4.提升独立培训能力

序号	基本情况	现阶段情况	本年度需要提升的能力
4	N：2017年3月随岗入职，现任HL项目负责人。虽非科班出身，但一线实务工作能力尚可，有较强的组织能力和策划能力，学习及反思能力强，连接资源能力强，在日常工作中和居民关系密切	1.对自身职责定位认识不够清晰。 2.能独立批复一线社工的专业服务文书。 3.项目策划及管理能力弱	1.明确机构对项目负责人的职责定位及要求。 2.提升项目策划及管理能力
5	H：此前任DL中心副主任，现任XG中心项目负责人。社工专业价值认同度有待提升，一线实务能力弱，文书撰写能力不足，善于与用人单位建立关系	1.对自身职责定位认识不够清晰。 2.团队管理能力弱。 3.专业价值观有待澄清。 4.文书撰写能力有待提升	1.掌握项目负责人职责，能胜任项目负责人基本工作，发挥好行政和支持功能。 2.加强社区服务方面知识学习，提升资源整合能力。 3.提升专业价值意识。 4.提升团队管理能力。 5.提升文书撰写能力
6	S：2018年3月入职，现任CT中心项目负责人。一线实务工作能力尚可，学习及反思能力强	1.对自身职责定位认识不够清晰。 2.团队管理能力一般	1.掌握项目负责人职责，能胜任项目负责人基本工作，发挥好行政和支持功能。 2.提升团队管理能力
7	W：2016年1月入职，现任CH中心项目负责人。一线实务工作能力尚可，学习及反思能力强	1.对自身职责定位认识不够清晰。 2.能独立批复一线社工的专业服务文书。 3.团队管理能力一般	1.掌握项目负责人职责，能胜任项目负责人基本工作，发挥好行政和支持功能。 2.提升团队管理能力

（二）一线社工

序号	中心名称	现阶段情况	本年度需要提升的能力
1	MT 社区党群服务中心	中心于2017年3月1日重新续标，采用3＋3模式，1名项目负责人有多年公益及项目服务及管理经验，另外2名社工非科班出身且为原社工助理持证后转岗而来	
2	LHB 社区党群服务中心	中心于2017年3月1日重新续标，采用3＋2模式。1名项目负责人有3年多一线社工服务经验，1名社工有1年多社工服务经验，1名社工有近1年社工服务经验	
3	ML 社区党群服务中心	中心于2017年3月1日正式进驻，采用3＋3模式。1名项目负责人有5年多社工服务及团队管理经验，1名社工为随岗社工，1名社工为其他中心助理持证后转岗而来	1.提升团队规范能力。 2.提升团队服务规划、分工及落实能力。
4	HL社区党群服务中心	中心于2017年3月1日正式进驻，采用3＋3模式。1名项目负责人有近3年社工服务及团队管理经验，1名社工为其他中心助理岗晋升人员，1名社工有1年多社工经验	3.提升服务指引与服务设计规范能力。 4.提升文书撰写及计划制订能力。
5	XG 社区党群服务中心	中心于2017年3月1日正式进驻，采用3＋3模式。1名项目负责人有一定社工服务与管理经验，2名社工为新入职人员，且均非科班出身	5.提升专业价值伦理与工作操守澄清与明确能力
6	CT社区党群服务中心	中心于2017年3月1日正式进驻，采用3＋2模式。1名项目负责人有2年多社工服务及管理经验且3月份刚晋升项目负责人，1名社工为原机构离职人员且有近8年社工服务经验，1名社工为原助理岗调整人员且社工服务经验较少	
7	CH 社区党群服务中心	中心于2017年3月1日正式进驻，采用3＋2模式。1名项目负责人有2年多社工服务及管理经验，1名社工为机构调岗人员且有3年一线服务经验，1名社工有近1年的工作经验	

（三）行政辅助人员

序号	中心名称	现阶段情况	本年度需要提升的能力
1	MT社区党群服务中心	1名助理人员入职2年有余，对工作职责及分工要求较为明确；1名助理入职近1年；1名助理为新入职	1. 提升团队规范能力。2. 提升团队分工及落实能力。3. 提升专业知识学习能力
2	LHB社区党群服务中心	2名助理社工服务经验在一年以下，对工作职责及分工要求基本明确	
3	ML社区党群服务中心	1名助理入职近3年，且对工作职责及分工要求较为明确；2名助理为新入职	
4	HL社区党群服务中心	1名助理为随岗人员；1名助理入职近1年；1名助理长期驻扎工作站	
5	XG社区党群服务中心	1名助理入职近1年，年龄较长，学习新知识方面能力较弱；2名助理入职不满半年	
6	CT社区党群服务中心	1名助理入职近1年，1名助理入职不满半年，两人工作能力尚可	
7	CH社区党群服务中心	1名助理为随岗人员；1名助理入职近1年	

三、培训目标

序号	培养对象	培训目标
1	项目负责人	1.能厘清项目负责人及督导助理角色。2.提升团队管理及带领技巧。3.提升时间管理能力。4.提升项目管理能力，促进制度的落实与执行。5.提升项目负责人团队服务规划、发展能力。6.提升培训能力
2	一线社工	1.能胜任社工基本工作，开展一线服务。2.提升团队服务规划、分工及执行能力。3.提升社工文书撰写能力。4.提升社工专业知识与技巧的掌握及与实务结合并运用于实践的能力
3	行政辅助人员	1.能厘清工作角色。2.能胜任行政助理及活动助理工作，承担工作职责

四、培训内容及时间安排

序号	培训主题	培训对象	讲师	课时	形式	时间	考核
1	年度督导培训工作计划讨论会	项目负责人、一线社工、行政辅助人员	社工督导	8	授课、互动	2018年3月	培训心得或总结
2	社会工作价值伦理与工作操守	项目负责人、一线社工、行政辅助人员	社工督导	8	授课、互动	2018年4月	培训心得或总结
3	社工专业文书撰写培训	项目负责人、一线社工、行政辅助人员	社工督导、项目负责人	8	授课、互动	2018年5月	培训心得或总结
4	制定中心MVV（一）	ML街道4中心项目负责人、一线社工、行政辅助人员	社工督导	8	授课、互动	2018年6月	培训心得或总结
5	制定中心MVV（二）	LH街道3中心项目负责人、一线社工、行政辅助人员	社工督导	8	授课、互动	2018年6月	培训心得或总结
6	建立高效团队及社工工作交流会	项目负责人、一线社工、行政辅助人员	社工督导、部门主任	4	授课、互动、分享	2018年8月	培训心得或总结
7	PBL学习培训	项目负责人、一线社工、行政辅助人员	社工督导	8	授课、互动	2018年9月	培训心得或总结
8	助理培训：宣传渠道推广及管理	行政辅助人员	项目负责人	8	授课、互动	2018年9月	培训心得或总结
9	PBL外出参访学习	项目负责人、一线社工、行政辅助人员	社工督导	8	外出参访	2018年10—11月	学习总结
10	PBL学习总结与分享会	项目负责人、一线社工、行政辅助人员	社工督导	8	授课、互动、分享	2018年12月	培训心得或总结汇报PPT
11	年度团建及朋辈学习计划	项目负责人、一线社工、行政辅助人员	督导组全体社工	24	授课、互动	2018年3月—2019年2月	朋辈学习方案及总结等

续表

序号	培训主题	培训对象	讲师	课时	形式	时间	考核
12	项目负责人每月集体督导会议	项目负责人	社工督导	48	督导会议	2018年3月—2019年2月	集体督导会议记录
13	督导组项目负责人培训及朋辈学习	项目负责人	社工督导、项目负责人	24	授课、互动、会议	2018年3月—2019年2月	培训课件朋辈学习资料包
14	项目负责人/一线社工/行政辅助人员入职指引	项目负责人、一线社工、行政辅助人员	社工督导、项目负责人、资深社工	按需	面谈、互动、观察	2018年3月—2019年2月	指引手册社工周记等

五、困难预估及应对

序号	问题及困难	应对方案
1	培训经费紧张	1.与机构协商，在人员成本有结余的情况下补贴部分培训费用。 2.去外地参访交流，在与参加者协商一致的情况下自行承担一部分费用。 3.与各中心团建相结合
2	时间无法协调	1.提前做好培训计划安排。 2.提前与各中心项目负责人沟通、协商时间
3	缺少参访交流点	1.推荐机构合作资源。 2.整合原有督导资源
4	缺乏专业人士	1.利用团队社工的资源及能力。 2.整合与运用机构内部督导资源
5	培训成效无法有效落实	1.社工参与培训后撰写培训心得。 2.督促社工将培训所学有效落实到服务实践中

六、评估

序号	评估方法	形成资料
1	参加者出席情况分析	培训签到表
2	参加者口头反馈	录音录像资料
3	现场互动情况分析	互动讨论结果资料

序号	评估方法	形成资料
4	参加者调查问卷	问卷数据汇总
5	培训后团队分享	团队分享记录/培训总结
6	培训后知识应用	服务记录/工作总结/督导记录

方案5 团队服务管理计划

一、基本情况及现状分析

（一）团队基本情况

社工督导：程督导

计划期限：2018年3月—2019年2月

督导团队：M街道4个社区党群服务中心、L街道3个社区党群服务中心，共计7名项目负责人、21名社工、18名行政辅助人员

（二）服务管理现状分析

结合督导团队中期及终期服务汇报会暨项目遴选会、中期及终期社工绩效评估、社工日常工作表现、项目负责人意见反馈、中心评估结果、第三方评估专家对中心/项目工作意见反馈、督导组年度督导培训工作计划讨论会的讨论结果，以及通过服务资料查阅、定期会议、用人单位探访、个别督导、集体督导、现场督导等方式，对督导团队面临的服务管理现状做出如下分析。

1.区域联动合作服务的探索

（1）机构内资源整合；

（2）同一街道各中心服务联动与合作；

（3）督导组各中心或项目间的服务联动与合作；

（4）各团队区域联动合作服务的意识与统筹能力提升。

2.服务成效测评不足

（1）缺乏系统的需求评估或调研方案，评估或调研形式、方法不够多样，缺少相应过程性痕迹资料的留存；

（2）定期开展中心服务成效测评工作未有效落实，或是将服务成效测评与社工绩效评估混为一谈；

（3）机构没有一套明确的服务成效测评指引供一线人员使用。

3.团队规范性

（1）团建及朋辈学习工作缺乏计划性；

（2）各项制度及流程有待修订及完善。

二、服务管理目的及目标

（一）目的

通过服务管理，提升团队各项工作的计划性，提高督导团队整体服务水平，满足服务对象的需求，提升服务质量。

（二）目标

（1）增强中心区域联动服务的意识与能力；

（2）增强中心服务成效测评的意识与能力；

（3）提升团队工作的计划性。

三、服务管理具体内容

成效目标	过程目标	内容安排
1.增强中心区域联动服务的意识与能力	1.1 推动同一街道不同中心的联动类合作服务项目	1.1.1 结合每月一次的督导组项目负责人会议，推动该联动类合作服务的讨论，达成合作服务共识 1.1.2 以分领域服务项目合作为起点，推动同一街道不同中心的项目合作 1.1.3 每一合作项目结束后，均须有相应服务成果手册 1.1.4 项目完成后，由机构代表中心向街道汇报项目服务成果
2.增强中心服务成效测评的意识与能力	2.1 定期进行中心服务成效测评	2.1.1 修订及完善中心成效测评机制 2.1.2 中心撰写并提交一份系统的年度需求调研方案（回应四类需求），方案中调研方式至少有三种，且包含每次服务所使用的评估方式 2.1.3 社工结合中心年度需求调研方案，开展每项服务的需求评估或成效测评，并保存完整的需求调研及成效测评痕迹资料 2.1.4 中心定期汇总成效测评数据资料，每个中心每季度提交一份服务成效测评报告

成效目标	过程目标	内容安排
3. 提升团队工作计划性	3.1 做好团队管理工作，确保各项工作依照计划有序进行	3.1.1 开展"制定中心MVV"培训，指导各中心制定中心MVV及发展规划，明确中心未来发展方向 3.1.2 修订及完善团队管理制度，每周定期召开工作例会 3.1.3 社工离职/转岗手续完结前均能完成所有交接工作 3.1.4 修订及完善各项中心制度，且中心各项工作均有完整的痕迹资料留存 3.1.5 存档员每月定期核查中心各项工作资料存档情况，及时发现及时整改 3.1.6 制定年度朋辈学习方案，中心结合团队朋辈学习方案定期开展朋辈学习，并留存相应过程及痕迹资料 3.1.7 制定年度团队建设方案，中心依照计划开展团队活动，并做好相应团建记录 3.1.8 每个项目均有1份合理的经费预算，中心依照各项目经费预算有效监控及使用经费，每个项目均有1份明确的经费使用明细记录

四、服务管理进度安排

目标	具体内容	1	2	3	4	5	6	7	8	9	10	11	12
1. 增强中心区域联动服务的意识与能力	1.1 每个街道的社区党群服务中心至少探索一个项目进行联动类合作服务												
	1.2 每个中心至少负责一个联动类合作项目												
	1.3 每个联动类合作项目至少能覆盖3个社区的居民												
2. 增强中心服务成效测评的意识与能力	2.1 撰写并提交一份系统的年度需求调研方案												
	2.2 每季度提交一份服务成效测评报告												
	2.3 至少运用2种成效测评工具或方式方法												
	2.4 成效测评痕迹资料完整												

目标	具体内容	1	2	3	4	5	6	7	8	9	10	11	12
3.提升团队工作计划性	3.1撰写一份系统的年度团建及朋辈学习方案												
	3.2每次团建及朋辈学习均有完善的资料存档												
	3.3优化团队各项制度及使工作流程顺畅												
	3.4中心各项团队管理工作均有完整的痕迹资料留存												

五、服务管理监测与评估

(一)服务管理监测

监测机制主要采用由行业主管部门、社工机构服务管理部门、督导团队及社工督导等多方主体监测的形式。

1. 行业主管部门

本服务计划提交给行业主管部门,并以年中/年度工作报告的形式提交团队服务管理执行情况。

2. 社工机构服务管理部门

通过督导团队服务数据报备、服务经费审批、服务项目验收等形式监测团队服务管理情况。

3. 督导团队

通过每月集体督导会议形式,定期对团队服务计划执行情况进行反馈及检视。

4. 社工督导

自我监督团队服务管理计划的执行情况,并将服务管理计划相关具体工作事项列入个人年度工作计划。

(二)服务管理评估机制

评估机制主要采用区级第三方评估、街道及社区主管部门、社工机构服务管理部门、督导团队等多方主体评估的形式。

1. 区级第三方评估

年度服务结束后，接受区级第三方评估。

2. 街道及社区主管部门

定期走访相关主管部门，收集对中心服务管理的意见与建议。

3. 社工机构服务管理部门

通过督导团队服务过程自检、服务项目验收等形式综合评估团队服务管理情况。

4. 督导团队

通过每月集体督导会议、查阅服务管理方案等形式，定期对服务管理成效进行总结、检讨与评估，并形成相应评估资料。

（三）服务管理评估内容

成效目标	成效指标	评估方法/工具
1. 增强中心区域联动服务的意识与能力	1.1 每个街道的社区党群服务中心至少探索一个项目进行联动类合作服务	查阅服务文档
	1.2 每个中心至少负责一个联动类合作项目	查阅服务文档成果手册
	1.3 每个联动类合作项目至少能覆盖3个社区的居民	查阅服务文档数据统计
2. 增强中心服务成效测评的意识及能力	2.1 每个中心提交一份系统的年度需求调研方案	查阅服务文档
	2.2 每季度提交一份服务成效测评报告	查阅服务文档邮件记录
	2.3 至少运用2种成效测评工具或方式	查阅服务文档测评痕迹
	2.4 成效测评痕迹资料完整	查阅服务文档
3. 提升团队工作计划性	3.1 撰写一份系统的年度团建及朋辈学习方案	查阅服务文档
	3.2 每次团建及朋辈学习均有完善的资料存档	查阅服务文档
	3.3 团队各项制度及工作流程完善及顺畅	查阅服务文档
	3.4 中心各项团队管理工作均有完整的痕迹资料留存	查阅服务文档

第二节　培训方案范例

方案1　制定中心MVV培训方案

一、基本信息

培训主题：制定中心MVV

培训日期：2014年8月20日

培训时间：9：30—17：00

培训地点：社区党群服务中心活动室

培训对象：成立半年以上且没有制定MVV的中心的全体社工

培训人数：20人

培训讲师：程督导

二、背景/理念

中心的使命（Mission）即中心存在的因由、目的、价值和意义；中心的愿景（Vision）即中心的蓝图，描绘中心未来可成功实现的宏图或成就；价值观（Value）即社工基于中心的使命，在努力实现中心愿景过程中所秉持的信念与价值（指导原则）。中心的MVV将直接影响及决定中心未来3～5年的服务规划及每一个年度的工作计划，对中心的服务设计至关重要。目前几个中心均已成立半年以上，但没有明确的MVV，故期望通过本次培训活动，带领各中心社工一起探讨中心的MVV。

三、培训目的及目标

（一）目的

提升参加者服务规划与设计能力。

（二）目标

（1）参加者能知道MVV的概念及制定MVV的重要性。

（2）参加者能制定出一套所在中心的MVV。

（三）效果评估

序号	评估方法	形成资料
1	参加者口头反馈	录音录像资料
2	现场互动情况分析	互动讨论结果资料
3	参加者调查问卷	问卷数据汇总
4	培训后团队分享	团队分享记录/培训总结

四、培训主要内容

时间	目的	内容	物资
提前15分钟	签到	1.签到。 2.分发姓名牌	签到表 姓名牌 签字笔 马克笔
20分钟	介绍培训主题与内容安排，澄清培训主题与目的	1.参加者自我介绍、分享此刻感受，找到连接。 2.简单介绍此次培训主题、目的。 3.参加者分享期望	PPT 投影仪 电脑
95分钟	增进相互认识，探索正向的能力	社工个人经验分享： 1.针对每个主题，给每人1~2分钟思考及绘画时间。 2.针对每个主题，参加者轮流分享自己绘画的内容，每人1~3分钟	PPT 投影仪 电脑 彩色与白色A4纸 彩色笔3盒
10分钟	小休	中场休息，补充体力	茶点
5分钟	分组	依照中心分组，同一中心的参加者围坐一组	桌椅 大白纸6张 彩色笔3盒
20分钟	团队建设	1.集体讨论中心的名称、口号、吉祥物，确定队歌及标志性动作并画出中心的蓝图。 2.探讨中心每一位成员的特点（优点、特质、擅长的部分及在团队中的优势），并为其取名	PPT 投影仪 电脑 大白纸3张 彩色笔3盒 白板 大夹子

续表

时间	目的	内容	物资
30分钟	团队建设	分组展示讨论成果： 每组派一名代表分享各组讨论成果，每组15分钟分享时间	
90分钟	休息	就餐	
30分钟	团队建设	分组展示讨论成果： 每组派一名代表分享各组讨论成果，每组15分钟分享时间	
60分钟	概念介绍	1.什么是MVV？ 2.为何要制定MVV？ 3.几个例子	PPT 投影仪 电脑
60分钟	讨论、制定中心MVV	结合需探讨的三类问题，分组讨论中心的MVV	大白纸3张 彩色笔3盒
20分钟	分享中心MVV	每个中心10分钟，轮流分享MVV	白板 大夹子
10分钟	总结	1.总结此次培训。 2.提醒：定期检视中心MVV，结合中心MVV制定中心中长期发展规划。 3.布置作业	PPT 投影仪 电脑
结束	填写调查表	填写培训反馈调查表	培训反馈调查表20份

方案2 制定中心中长期发展规划培训方案

一、基本信息

培训主题：制定中心中长期发展规划

培训日期：2018年2月6日

培训时间：9：30—18：00

培训地点：社区党群服务中心活动室

培训对象：项目负责，督导助理，一线社工，行政辅助人员

培训人数：24人

培训讲师：程督导

二、背景/理念

该培训为"制定中心MVV培训"的延续，完成MVV制定后需着手设计中心的中长期发展规划，明确中心未来3～5年的工作重点。中长期发展规划直接决定和影响中心年度工作计划的设计。本次培训活动拟通过带领各中心同事共同参与中心的SWOT分析，以更加明确中心未来3～5年的工作重点，并初步制定中心中长期发展规划。

三、培训目的及目标

（一）目的

提升参加者的服务规划与设计能力。

（二）目标

（1）参加者知晓如何进行中心服务SWOT分析。

（2）参加者能明确中心未来三年需跟进重点问题。

（3）参加者能初步制定中心中长期发展规划。

（三）效果评估

序号	评估方法	形成资料
1	参加者口头反馈	录音录像资料
2	现场互动情况分析	互动讨论结果资料
3	参加者调查问卷	问卷数据汇总
4	培训后团队分享	团队分享记录/培训总结

四、培训主要内容

时间	目的	内容	物资
培训开始前 30分钟	布置场地	1.24把凳子摆放。 2.投影、电脑及PPT试播。 3.茶点区布置。 4.其他活动道具准备	凳子 电脑及投影设备一套 PPT 茶点及其他活动道具
提前 15分钟	签到	参加者签到	签到表 签字笔

续表

时间	目的	内容	物资
5分钟	简介活动	1.介绍此次培训的目的与意义。 2.明确整场培训规则及内容安排	PPT
15分钟	唤醒参加者	1.一个中心为一组，每位参加者轮流与其他组员分享自己的名字故事＋三个优点。 2.每组分享一个公认的印象最深刻的名字故事给其他小组	
20分钟	短讲基础知识	1.策略性策划、管理策划、方案策划、策略性管理的定义 2.策略性管理的过程与步骤	PPT
20分钟	短讲SWOT分析	1.SWOT内容。 2.SWOT分析：分析外间环境，识别O和T；分析中心的资源，评估中心的S和W。	PPT
60分钟	中心SWOT讨论	1.以中心为单位，分别就中心及各服务领域的S、W、O、T进行讨论。 2.结合讨论内容，写在大白纸相应的象限内	大白纸 彩色笔
50分钟	小组分享	1.确定小组分享及点评顺序。 2.各小组轮流分享讨论结果。 3.小组点评。 4.讲师总结	
10分钟	小结	上午内容总结与答疑	
90分钟	休整	就餐与休息	
10分钟	唤醒参加者	游戏：小鸭子的舞蹈	视频
10分钟	回顾与介绍	1.带领参加者回顾上午内容。 2.介绍下午内容与安排	PPT
10分钟	短讲	以示例介绍SWOT分析过程要点	PPT
120分钟	中心及领域服务SWOT分析	1.各组分别对中心及各领域服务的SWOT进行分析。 2.梳理分析结果，归纳并确定中心及领域服务的关键成功因素。 3.依照上午小组分享及点评顺序，各小组轮流分享讨论结果及相互点评。 4.讲师点评	大白纸 彩色笔

时间	目的	内容	物资
10分钟	短讲	1.识别及甄选要处理的策略性事件/重要问题。 2.针对策略性事件制定策略，初步制定行动方案	大白纸 彩色笔
60分钟	初步制定行动方案	1.各小组结合SWOT分析结果，甄选中心及各领域要回应的重要问题或方向，初步讨论并制定行动方案。 2.依照上午小组分享及点评顺序，各小组轮流分享讨论结果及相互点评。 3.讲师点评	大白纸 彩色笔
20分钟	总结评估	1.活动总结：一人一句话分享参与感受及收获。 2.感谢工作人员，填写问卷，集体合影	问卷 相机

方案3　制订中心年度工作计划培训方案

一、基本信息

培训主题：制订中心年度工作计划

培训日期：2018年2月27日

培训时间：9：30—12：30

培训地点：社区党群服务中心活动室

培训对象：项目负责人，督导助理

培训人数：20人

培训讲师：程督导

二、背景/理念

制订中心年度工作计划是开展中心年度工作的重要一步，它将直接影响并指导中心一年的服务。培训活动拟通过带领各中心项目负责人、督导助理学习及探讨中心年度工作计划的框架、逻辑性与内容，使其能够更有信心带领中心团队制订中心年度工作计划。

三、培训目的及目标

（一）目的

提升参加者的服务规划与设计能力。

（二）目标

（1）参加者知晓计划各部分的逻辑性。

（2）参加者知道如何制定总目标、成效目标及过程目标。

（3）参加者更有信心带领中心团队初步制订中心年度工作计划。

（三）效果评估

序号	评估方法	形成资料
1	参加者口头反馈	录音录像资料
2	现场互动情况分析	互动讨论结果资料
3	参加者调查问卷	问卷数据汇总
4	培训后团队分享	团队分享记录/培训总结

四、培训主要内容

时间	目的	内容	物资
培训开始前30分钟	布置场地及签到	1.投影、电脑及PPT试播。 2.茶点区布置。 3.其他活动道具准备。 4.参加者签到	电脑及投影设备一套 PPT 茶点及其他活动道具 签到表 签字笔
5分钟	简介活动	1.介绍此次培训的目的与意义。 2.明确整场培训规则及内容安排	PPT
10分钟	唤醒参加者	互动小游戏，提前约定一名参加者负责安排及带领	
15分钟	收集期望	1.分享制订中心年度工作计划时遇到的问题与困难。 2.分享参与培训的期望	
20分钟	短讲基本概念	1.服务策划的一般过程及其组成部分。 2.制订年度计划的流程。 3.制订年度计划的步骤和方法	PPT

续表

时间	目的	内容	物资
20分钟	反馈与回应	1.讲师先邀请一位参加者做反馈。 2.参加者邀请下一位,以此类推,直至所有参加者分享完毕。 3.讲师总结并回应	
30分钟	短讲	1.问题/需要成因分析。 2.目标制定。 3.目标之间的关系。 4.如何制定总目标? 5.成效目标及过程目标制定。 6.服务细项	PPT
10分钟	小休	休整	
40分钟	案例讨论	1.将参加者随机分成两组。 2.各组分别结合案例,讨论确定: (1)问题/需要成因分析。 (2)目标:总目标、成效目标、过程目标。 (3)服务细项。 3.两组分别派代表分享讨论结果。 4.讲师点评并回应	
10分钟	答疑	总结与答疑	
20分钟	总结评估	1.活动总结:一人一句话分享参与感受及收获。 2.感谢工作人员,填写问卷。 3.集体合影	问卷 相机

方案4 社会工作价值伦理与工作操守培训方案

一、基本信息

培训主题:社工价值伦理与工作操守

培训日期:2017年10月12日

培训时间:9:30—17:00

培训地点:社区党群服务中心活动室

培训对象:项目负责人,督导助理,一线社工,行政辅助人员

培训人数:40人

培训讲师:程督导

二、背景/理念

目前，半数以上中心从业人员入职时间为半年，各中心服务团队的专业经验、资历、能力等参差不齐。为保障社工服务质量，培养和加强服务团队的社工专业素养，树立良好的社工职业形象，践行基本的伦理价值和职业操守开展一线服务，特针对项目负责人、督导助理、一线社工、行政辅助人员等开展社会工作价值伦理与工作操守培训。

三、培训目的及目标

（一）目的

巩固并加强督导组服务团队的社工价值伦理与工作操守，提升服务团队的整体形象和工作素养。

（二）目标

参加者能够掌握社会工作价值伦理和工作操守的主要内容。

（三）效果评估

序号	评估方法	形成资料
1	参加者口头反馈	录音录像资料
2	现场互动情况分析	互动讨论结果资料
3	参加者调查问卷	问卷数据汇总
4	培训后团队分享	团队分享记录/培训总结

四、培训主要内容

时间	目的	内容	物资
提前30分钟	布置场地	1.40把凳子摆放。 2.投影、电脑及PPT试播。 3.横幅、白板、白纸、彩色笔等备好。 4.茶点区布置。 5.摄像机位置摆放。 6.其他活动道具准备	茶点1批 一次性水杯1袋 抽纸3盒 横幅1条 白板1块 白纸10张 彩色笔3盒 电脑及投影设备1套
提前15分钟	签到	参加者签到	签到表1份 签字笔2支

时间	目的	内容	物资
上午（9：30—12：00）			
10分钟	暖场	热身游戏：忘"我"的交流 1.规则：每个参加者至少要找10个人交流认识，交流过程中不能说"我"。 2.要求：要找超过4个不同中心的人交流，说"我"字者要将手中的玻璃珠给对方，直到珠子用完为止。 3.分享：自愿分享不能说"我"的感受，如无主动者，讲师可邀请玻璃珠较少或较多者优先分享此刻感想	PPT 玻璃珠若干
5分钟	简介活动	1.介绍本次学习目的与意义。 2.介绍整场活动流程安排	PPT
15分钟	收集培训期望	要求参加者静思30秒，思考参与本次学习的期望，将期望写好贴在白板上。 分享：邀请3～4人分享自己的担心与期望	白板1块 白板笔1盒 便利贴1本
30分钟	明确社工价值伦理与工作操守培训的重要性	1.每人说1条自认为应当坚守的社工价值伦理或工作操守。 2.通过案例，引导社工讨论价值伦理对于社工服务的作用及影响	PPT
20分钟	介绍社工价值伦理内容	讲解社工价值伦理内容	PPT或者Word文档
55分钟	分组案例讨论	1.报数分组分析讨论，每组讨论案例1、2、3、4、5的其中一个，讨论其中做得好的和不好的，不好的给予建议，在大白纸上写下来。 2.每组5分钟分享时间。 3.带领者做总结。	大白纸4张 彩色笔3盒
15分钟	总结与答疑	1.总结上午活动要点。 2.答疑	
下午（14：00—17：00）			
20分钟	唤醒参加者	热身游戏：有趣的气球。 规则：每人认领一个气球，共4种颜色，从单人开始向空中拍气球，保持气球不落，难度逐渐递增，如2人、3人、4人等相互拍气球，用不同肢体部位拍气球，手牵手等。最后4个颜色的人分成4组，完成挑战及分组。游戏结束后，集体做游戏分享。	4色气球1包

时间	目的	内容	物资
5分钟	重点回顾	回顾上午活动要点，介绍下午内容安排	
30分钟	明确下午的学习主题	1.关于社工操守事件的新闻视频及网页浏览。 2.参加者分享观后感	PPT
55分钟	讨论及分享	1.分组讨论当前社工服务过程中遇到的价值及操守选择的两难困境、矛盾现象，并写出具体的应对策略。 2.每组5分钟分享时间。 3.带领者做总结	桌子4张 茶点1批 一次性水杯1袋 抽纸3盒 大白纸4张 彩色笔3盒
20分钟	明晰社工操守	讲解社工工作操守	PPT或者Word文档
20分钟	答疑	1.整场培训内容总结与回顾。 2.答疑	
30分钟	总结评估	1.活动总结：一人一句话分享参与感受及收获。 2.感谢工作人员，填写问卷。 3.集体合影	问卷40份 相机1部

方案5 社会工作者职业安全培训方案

一、基本信息

培训主题：社会工作者职业安全

培训日期：2019年3月29日

培训时间：9：30—12：30

培训地点：深圳市鹏星社会工作服务社培训室

培训对象：项目负责人，督导助理，一线社工，行政辅助人员

培训人数：40人

培训讲师：程督导

二、背景/理念

社会工作者在社会工作实践过程中遭受不同程度的伤害，既会损害社会工作者的利

益，降低其工作积极性，也会影响服务的质量。本次培训活动拟通过带领参加者学习及探讨服务过程中遇到的风险及各类安全问题，分析应对的措施与注意事项，以期增强其自我安全意识及有效规避风险的能力。

三、培训目的及目标

（一）目的

增强参加者自我安全意识及有效规避风险的能力。

（二）目标

（1）参加者知晓社会工作者可能面临的职业风险。

（2）参加者知道至少3种规避风险的方法。

（三）效果评估

序号	评估方法	形成资料
1	参加者口头反馈	录音录像资料
2	现场互动情况分析	互动讨论结果资料
3	参加者调查问卷	问卷数据汇总

四、培训主要内容

时间	目的	内容	物资
培训开始前30分钟	布置场地	1.投影、电脑及PPT试播。 2.茶点区布置。 3.其他活动道具准备	茶点1批 一次性水杯1袋 抽纸4盒 横幅1条 白板1块 白纸若干 彩色笔4盒 电脑及投影设备1套
提前15分钟	签到	参加者签到	签到表 签字笔
5分钟	简介活动	1.介绍此次培训的目的与意义。 2.明确整场培训规则及内容安排	PPT

续表

时间	目的	内容	物资
30分钟	短讲与互动讨论	1.讲师介绍社会工作者职业风险的定义。 2.引导参加者分组讨论： （1）社会工作者职业风险有哪些？ （2）你遇到过哪些职业风险？ 3.各组轮流分享讨论结果。 4.讲师做出总结与回应	PPT 白纸若干 彩色笔4盒
40分钟	互动讨论与知识介绍	1.引导参加者分组讨论：如何保障社工职业安全？我们可以做什么？ 2.讲师回应与知识介绍： （1）社工心理安全； （2）社工身体安全； （3）服务对象安全	PPT 白纸若干 彩色笔4盒
20分钟	社工职业安全保障基础知识介绍	1.社工办公场所安全保障。 2.社工家访或外勤保障。 3.危机应对方案	PPT
10分钟	小休	休整	茶点
50分钟	案例讨论	1.确定讨论案例：4个情境案例，分给不同的讨论组。 2.各组分别结合案例中遇到的风险，讨论并确定相应的安全指引。 3.各组分别派代表分享讨论结果，其他组提问或补充。 4.讲师进行点评与回应	白纸若干 彩色笔4盒
10分钟	答疑	1.总结回顾整场培训内容。 2.答疑	
15分钟	总结评估	1.活动总结：邀请10位代表，一人一句话分享参与感受及收获。 2.感谢工作人员、填写问卷。 3.集体合影	问卷 相机

方案6 社会工作专业文书撰写培训方案

一、基本信息

培训主题：社会工作专业文书撰写

培训日期：2017年8月7日

培训时间：9：30—12：30

培训地点：深圳市鹏星社会工作服务社培训室

培训对象：项目负责人，督导助理，一线社工，行政辅助人员

培训人数：50人

培训讲师：佃督导

二、背景/理念

"社会工作专业文书撰写"培训已举办过多场。社会工作专业文书是社会工作实务的一部分，也是社工提供服务中的一项重要工作。通过近几年针对社工的问卷调查、访谈和实际督导工作中的观察，社工表示对"社会工作专业文书撰写"培训的需求较高，主要体现在对社会工作专业文书的概念不清晰，对撰写技巧不了解。针对以上问题和需求，特开展本次培训。

三、培训目的及目标

（一）目的

提升社会工作专业文书撰写能力。

（二）目标

（1）参加者能了解社会工作专业文书的基本概念和作用。

（2）参加者能区分社会工作专业文书的类别。

（3）参加者能掌握社会工作专业文书的撰写技巧。

（三）效果评估

序号	评估方法	形成资料
1	参加者口头反馈	录音录像资料
2	现场互动情况分析	互动讨论结果资料
3	参加者调查问卷	问卷数据汇总

四、培训主要内容

时间	目的	内容	物资
培训开始前30分钟	布置场地	1.桌椅摆放。 2.投影、电脑及PPT试播	桌椅 电脑及投影设备一套 PPT
提前15分钟	签到	参加者签到	签到表 签字笔
5分钟	简介活动	1.介绍本次培训的目标。 2.介绍培训流程安排	PPT
15分钟	课程导入	1.讲师引出"为什么要写专业文书"的问题，让参加者思考。 2.短讲：撰写专业文书的意义	PPT
15分钟	专业文书的基本概念	短讲： 1.撰写专业文书的伦理和原则。 2.专业文书的类别：计划书、记录、总结	PPT
55分钟	计划书撰写技巧	1.计划书包含的部分：背景、理念、目标、流程、评估。 2.举例说明计划书每个部分的撰写要点。 3.每个部分设置练习环节	PPT
15分钟	小休	休整	
45分钟	记录/总结撰写技巧	1.记录/总结包含的部分：评估（目标、过程和效果）、反思、跟进。 2.举例说明记录/总结每个部分的撰写要点。 3.每个部分都设置练习环节	PPT
10分钟	答疑	进行答疑	
10分钟	总结	总结回顾课程内容	
10分钟	填写调查问卷	参加者填写调查问卷	调查问卷

方案7　如何与服务单位建立关系培训方案

一、基本信息

培训主题：如何与服务单位建立关系

培训日期：2014年8月21日

培训时间：14：30—17：30

培训地点：深圳市鹏星社会工作服务社培训室

培训对象：项目负责人，督导助理

培训人数：20人

培训讲师：黄督导，程督导

二、背景/理念

在政府购买社工服务的大背景下，社工与服务购买方，即服务单位建立良好工作关系，是社工服务开展的基础，也是必要条件。本次培训的对象主要为团队的带领者，他们作为联结服务单位、机构和团队的重要纽带，能否与服务单位建立及维持良好关系至关重要。

三、培训目的及目标

（一）目的

提升与服务单位建立良好关系的能力。

（二）目标

（1）参加者掌握至少一种新的与服务单位建立及维持关系的策略。

（2）参加者意识到团队成员与服务单位建立及维持关系的重要性。

（3）参加者掌握至少一种带领团队成员与服务单位建立及维持关系的策略。

（三）效果评估

序号	评估方法	形成资料
1	参加者口头反馈	录音录像资料
2	现场互动情况分析	互动讨论结果资料
3	参加者调查问卷	问卷数据汇总

四、培训主要内容

时间	目的	内容	物资
提前15分钟	签到	参加者签到	签到表 签字笔

续表

时间	目的	内容	物资
5分钟	让参加者了解培训目标及内容安排	介绍培训内容及规则	PPT 扑克牌
10分钟	明确与服务单位建立及维持工作关系的重要性	1.提问法： （1）问所有现场参加者与服务单位建立及维持工作关系是否重要； （2）邀请2~3位参加者分享与服务单位建立及维持工作关系重要的缘由。 2.讲解法： （1）理清工作关系的概念； （2）总结与服务单位建立及维持工作关系重要性的依据有哪些	PPT、扑克牌
20分钟	促进参加者交流与服务单位建立及维持工作关系过程中遇到的困难，并分享各自解决方案	1.将参加者分为4个小组（说明分组规则）。 2.分组讨论内容一：与服务单位建立及维持工作关系过程中遇到的困难（罗列），并选出小组共同觉得最难处理的一项，用笔记录下来。 3.分组讨论内容二：交换各组困难，各组就拿到的"新困难"讨论并总结解决方案	A4纸及大白纸 签字笔 马克笔
20分钟	参加者经验分享，引入培训重点	小组分享（每组3分钟汇报分享，出题组1分钟反馈）： 1.小组轮流分享讨论结果。 2.以苏格拉底法提问：团队领导者负责与服务单位关系建立及维持工作关系就足够了？ 3.引出培训重点：与服务单位建立及维持工作关系很重要，团队带领者有此意识与能力是基础，但不能全靠其一人，也需推动团队一起成长。 （1）服务资源整合需求。 （2）团队及社工个人成长需求。 （3）团队领导者合理工作规划	大白纸 马克笔
10分钟	明确与服务单位建立及维持工作关系各个阶段的要点	讲解法： 推动团队成员与用人单位建立及维持工作关系前的准备工作，在不同发展阶段，建立及维持工作关系有不同特点	

时间	目的	内容	物资
15分钟	休息	休整	
10分钟	进行热身,引入培训主题	热身游戏——原来你在这里: 1.请在收到的纸上,写下你最喜欢的一本书、一种颜色、一种水果。 2.跟大家交流沟通,分别找到书、颜色、水果与你同一类别的两个人。 3.选出找到有共同喜好人数的前三名,邀请分享:你怎么找到跟你有同类喜好的人	A4纸 笔 扑克牌
15分钟	介绍带领团队成员与服务单位建立及维持工作关系的策略	PPT讲解法: 1.与服务单位建立及维持工作关系,也有其共同规律——通用模式:"三部曲"。 2.引导团队成员与服务单位建立及维持工作关系的策略:态度,准备工作,沟通技巧。 3.强调态度,平时应做好充分准备,介绍一两种团队带领者个人擅长的沟通技巧	
25分钟	资深项目负责人及督导助理个人经验分享	1.分享一:邀请督导助理代表分享带领团队与服务单位建立及维持工作关系的经验。 2.分享二:邀请项目负责人代表分享带领团队与服务单位建立及维持工作关系的经验。 3.总结并强化带领团队的策略	纪念品2份
40分钟	实践练习团队带领策略	1.给定团队与服务单位建立关系中的实际困难情境,小组讨论应对方案,并选取精华环节进行演练(15分钟)。 2.各小组轮流演练3分钟,分享1分钟(16分钟)。 3.其他小组给予补充建议(6分钟)。 4.讲师总结与点评(3分钟)	大白纸4张 马克笔8支 扑克牌
5分钟	巩固强化,带出正向答案	总结回顾培训内容,评选出前两名优秀组,对其他小组进行鼓励	
5分钟	评估效果,收集反馈	活动评估,合影	问卷20份

方案8　个案工作技巧培训方案

一、基本信息

培训主题：个案工作技巧

培训日期：2019年11月19日

培训时间：9：00—12：00

培训地点：深圳市鹏星社会工作服务社培训室

培训对象：项目负责人，督导助理，一线社工，行政辅助人员

培训人数：50人

培训讲师：佃督导

二、背景/理念

个案工作是三大社会工作方法之一，是社工作为从业人员必备的技能。通过近几年针对社工的问卷调查、访谈和实际督导工作中的观察，社工表示对"个案工作技巧"培训的需求较高，主要体现在不清楚如何开始接案，不熟悉个案的工作流程，不了解个案的面谈技巧。针对此类问题，特开展本次培训。

三、培训目的及目标

（一）目的

提升开展个案工作的能力和技巧。

（二）目标

（1）参加者能了解个案工作的基本概念和伦理。

（2）参加者能了解个案工作的开展流程。

（3）参加者能掌握个案工作基本的面谈技巧。

（三）效果评估

序号	评估方法	形成资料
1	参加者口头反馈	录音录像资料
2	现场互动情况分析	互动讨论结果资料
3	参加者调查问卷	问卷数据汇总

四、培训主要内容

时间	目的	内容	物资
培训开始前30分钟	布置场地	1.桌椅摆放。 2.投影、电脑及PPT试播	桌椅 电脑及投影设备一套 PPT
提前15分钟	签到	参加者签到	签到表 签字笔
5分钟	简介活动	1.介绍培训目标。 2.介绍培训流程安排	PPT
10分钟	个案工作的定义和功能	1.邀请学员回答对个案工作的理解。 2.讲师讲解个案工作的定义和功能	PPT
5分钟	个案的类型	讲师举例说明个案的几种类型：发展型、治疗型等	PPT
15分钟	个案工作基本伦理	讲师举例讲解个案工作中的七大伦理原则：尊重隐私原则、非批判态度与接纳原则、有目的的情感表达原则、适度的情感介入原则、重视个别差异原则、案主参与及自决原则、社工自我认识原则	PPT
25分钟	个案伦理问题讨论	1.讨论：讲师提供4个个案中的伦理情景案例，让参加者分组讨论。 2.讲师针对案例进行解析及总结	PPT
5分钟	小休	休整	
45分钟	个案工作开展流程	1.讲师举例讲解个案工作开展流程：需求评估、协议计划、跟进检讨、结案评估、资料归档。 2.判断：讲师给出一个情景，让参加者判断属于个案工作的哪个流程。 3.讲师告知正确答案并做出总结	PPT
5分钟	小休	休整	
50分钟	个案工作面谈技巧	1.讲师讲解面谈中几个重要的技巧：肢体语言、观察、聆听、回应、发问。 2.讲师针对每个技巧进行示范并邀请组员练习	PPT
10分钟	总结	总结回顾课程内容	PPT
5分钟	填写调查问卷	参加者填写调查问卷	调查问卷

方案9　小组工作带领技巧培训方案

一、基本信息

培训主题：小组工作带领技巧

培训日期：2019年3月29日

培训时间：14：00—17：00

培训地点：社区党群服务中心活动室

培训对象：入职一年内的社工

培训人数：40人

培训讲师：仇督导，吴督导

二、背景/理念

小组工作是社会工作的基本方法之一，知晓小组工作的概念及小组带领技巧是社工必备的技能。社工如何理解小组概念及如何带领小组，对于小组的工作成效有着重要影响。通过对新入职社工的问卷调查、访谈和实际督导工作中的观察，发现社工对掌握有效带领小组技巧的需求较大。为了有效回应以上需求，特进行此次培训，主要以互动体验、现场演练等方式让参加者亲身体验小组活动的过程，同时让参加者通过现场演练，将所学的技巧运用于实践中，提升新入职社工的小组带领能力。

三、培训目的及目标

（一）目的

提升社工的小组带领能力。

（二）目标

（1）参加者能了解小组工作概念和作用。

（2）参加者能掌握小组工作带领技巧。

（三）效果评估

序号	评估方法	形成资料
1	参加者口头反馈	录音录像资料
2	现场互动情况分析	互动讨论结果资料
3	参加者调查问卷	问卷数据汇总

四、培训主要内容

时间	目的	内容	物资
培训开始前60分钟	布置场地	1.将40把凳子围成圈。 2.投影、电脑及PPT试播。 3.工作纸张贴等。 4.茶点区布置。 5.摄像机位置摆放。 6.其他活动道具准备	电脑 音响 工作纸 移动白板 摄像机 魔术棒等
提前15分钟	签到	参加者签到	签到表 签字笔
5分钟	简介活动	1.讲师简单做自我介绍。 2.讲师简介活动目的及过程	
35分钟	安全感建立	1.3YES：连续说3次"YES"，表达对彼此的肯定与信任。 2.手指操：手心相对，从大拇指开始转，食指、中指、无名指、小拇指依次转动。 3.笑口常开：每个字代表一个不同动作，喊到哪个字就第一时间做出相应的动作。 4.跟动作——以掌声鼓励。 5.找相同（颜色、季节、洗发水牌子等）：主持人抽取不同卡片，大家根据卡片内容找到符合自己的站成圈。 6.加油猜：2人，出剪刀、石头、布，看需要多少次可以出到一样，出到一样给对方一个十，然后找另外成功2人组成4人继续，然后依次操作变成8人、16人，最后所有人一起加油猜，看多少次可以成功。 7.认识你我他：在一张纸的中间写上名字简称，左上角、右上角、左下角、右下角分别写上姓名、昵称、岗位、爱好。写好后找现场其他人分享。主持人挑几个出来考考大家是否能猜出是谁	"找相同"工作纸 A4纸 彩色笔
10分钟	分组	1.报数分组（4组）。 2.小组以不同方式打招呼。 3.喝水庆祝小组成立	矿泉水

续表

时间	目的	内容	物资
30分钟	知识讲解	1.讲师讲解小组工作概念与作用。 2.小组带领技巧。 （1）小组设计程序：安全感讲解。 （2）控场技巧（人数、场地选择与布置、位置安排、状态、解说等）。 （3）社工自身准备（状态、语言、小道具等）	PPT
10分钟	小休	休整	茶点
80分钟	现场演练	1.4个小组根据之前讲解的技巧自行选择一个游戏并讨论如何带领，以组为单位现场呈现讨论结果（30分钟）。 2.各组汇报成果。 3.讲师点评。 4.小组带领要点分享	海报纸 彩色笔 PPT
10分钟	总结	1.讲师总结。 2.合影。 3.收拾场地	相机

第三节　督导与培训实务要点

本章对社会工作督导与培训工作的设计做了一些经验梳理，希望可以帮助到有需要的社工督导和社会工作者。需要特别提出的是，本此章督导与培训工作设计仅为深圳市鹏星督导们的工作经验分享，供有需要的同仁们参考借鉴，如有不足之处，敬请批评指正。

一、社会工作督导与培训

梁伟康在《成效管理：非营利社会服务组织全面实践策略》中提到，督导是一个过程，主要是管理者/督导者有效地协调下属员工完成工作以达到机构所定的目标，教导员工在工作上所需的知识和技能，以及鼓励员工建立正确的工作态度并给予他们情绪上所需的支持。督导对非营利组织是否能达到其所定的目标而言是极其重要的。在《社会工作督导指南》（MZ/T 166—2021）中，社会工作督导是由资深社会工作者督促、训练和指导社会工作从业人员科学开展专业服务，有效承担工作职责，保障服务对象权益，实现专业成长，促进行业发展的服务过程。

训练、培育和发展人才是非营利组织进行策略性人力资源管理不可或缺的部分。督导者应结合社工实际需要，定期对社会工作者开展培训工作，以使其具备现时岗位所需的知识、态度和相应技能，更好地开展专业服务。

二、常见督导方式

常见督导方式主要包括个人督导、集体督导、现场督导、朋辈学习、个案研讨、专题培训、专业文书批阅等。

三、案例评析

（一）督导方案

本章主要呈现的是深圳鹏星督导工作设计的内容，包括督导年度工作计划、社工督导计划、社工督导专业成长计划、团队专业培训年度计划及团队服务管理计划等。

督导年度工作计划是以被督导团队为对象，针对团队需求及团队中社工个人需求确定相应的督导工作目标、督导工作方向与督导工作内容，并设计与之对应的评估方案，整个方案设计具有一定的逻辑性。

社工督导计划是从督导的三大功能及团队总体目标出发，设计具体的实施计划，包括督导频率、督导形式、督导内容、督导进度安排与评估等，与督导年度工作计划相互补充。

社工督导专业成长计划是以社工督导个人为对象，通过SWOT分析确定社工督导年度成长重点与方向，并设计具体的行动计划以达成督导者个人期望中的改变，促进督导者个人年度成长目标的实现。

团队专业培训年度计划以督导团队中的个人为对象，结合其成长需要，设计相应的培训主题与内容，通过评估培训成果，促进培训主题与内容能切实回应督导团队中个人的成长需要，有效促进督导团队中个人的成长。

团队服务管理计划以督导团队服务为对象，结合团队服务现状设置与之对应的团队服务管理目标、内容、监测与评估等，确保团队服务管理工作的科学性与计划性。

（二）培训方案

本章主要呈现的是深圳鹏星督导开展培训工作的方案设计，共节选了包括计划设计、工作指引及工作技巧3个类别共9个培训的方案设计。

计划设计类包括制定中心MVV培训方案、制定中心中长期发展规划培训方案和制订中心年度工作计划培训方案，一步步指导中心有逻辑地明确中心的定位与方向，制定中心的使命、愿景、价值观，进而据此制定中心的中长期发展规划，并在此基础上制订中心年度工作计划。工作指引类包括社会工作价值伦理与工作操守培训方案和社会工作者职业安全培训方案，分别介绍了社会工作专业价值伦理、工作操守与职业安全培训的设计，为社会工作专业服务提供基础保障。工作技巧类包括社会工作专业文书撰写培训方案、如何与服务单位建立关系培训方案、个案工作技巧培训方案和小组工作带领技巧培训方案，分别呈现了社会工作专业服务过程中社会工作者所需要具备的各项工作技巧的培训设计。

四、设计要点

（一）督导方案设计

督导者要有意识地运用服务设计的逻辑来进行督导工作设计，准确评估及把握督导对象的需要，并据此明确督导年度工作的重点与方向，设计相应的督导服务内容、安排与评估等，尽可能保证督导工作的计划性、科学性与可行性。

（二）培训方案设计

培训以督导团队中社工个人为培训对象，结合其成长需要，设计相应的培训主题与内容，通过评估培训成果，以促进培训主题与内容能切实回应督导团队中社工个人的成长需要，有效促进督导团队中的社工个人成长。

（三）督导工作开展

社工督导应结合相应督导方案落实年度督导工作，在开展督导工作时，应秉持优势视角，相信被督导者的能力，充分运用及发挥被督导者的优势，推动被督导者积极参与各项督导工作。需要特别提醒的是，每次督导工作开始前，督导者均需与被督导者协商确定每次督导主题与议程，督导工作中应注意按照督导成效评估计划开展相应成效评估及资料收集工作，督导结束后应及时提醒社工撰写督导记录并留存相应督导数据与资料。

（四）培训工作开展

应依照机构/督导年度培训计划开展各项培训工作，每次培训需至少提前一周确定培训方案，并依照培训方案做好相应培训准备。社工培训应多运用互动讨论、角色扮演、案例分析等活动形式，每一位参与培训的社工都应是培训的主角。培训讲师应充分相信社工的能力，相信社工在与他人思维碰撞的过程中能产生新的火花，在贡献知识的同时丰富自身认知，进而有效实现培训目标。

五、关键词总结

（一）注重需求为本

无论是开展社工督导还是开展社工培训，督导者都应首先了解社工的需求。一般情况下，我们可以多途径综合评估社工督导及培训需要，包括但不限于以下几种方式。

1. 各方对社工能力要求

通常情况下，我们可以结合机构对社工能力要求、项目采购方对社工能力要求、项目使用方对社工能力要求、项目开展对社工能力要求，以及服务对象对社工能力要求等，综合评估社工督导及培训要求。

2. 社工督导需求问卷

督导者可提前设计督导需求问卷，针对不同职位、不同角色、不同工作年限的社工，评估其共性及个别化的督导培训需求。

3. 社工个人成长方案

督导者可充分运用社工个人成长方案，协助社工结合自身及所在服务岗位情况，确定适合自己的个人年度成长目标，并通过督导及培训等协助社工个人成长目标的实现。

（二）关注个人成长

只有社工成长了，社工才能为服务对象提供更好的服务，服务对象才会成长。督导者应在日常的督导及培训工作中积极关注社工个人成长情况，协助社工制定个人成长方案，将社工个人成长与项目日常工作相结合，推动社工与服务对象共成长。

（三）推动主动参与

社工作为督导和培训的直接服务对象，最快的成长方式就是主动参与成长，督导者应充分相信社工自身优势与能力，并在督导培训工作中最大限度地发挥社工力量，推动社工积极主动参与。

六、思考题

（1）参考范例，针对新入职社工设计一份督导计划。
（2）参考范例，针对社工实习生设计一场培训活动。